U0006845

這個國文老師不‧識‧字

我和那些
奇形怪狀學生們
相處的日子

（穹風）
東燁——著

序

我是個不識字的國文
老師，我們該在乎的，
也不只是國文而已。

某一次的學期末，全幼保科的學生，在科會中進行了「成語故事」的演出。從頭到尾，劇情、對白、道具，全都由學生自己張羅，目的是為了訓練他們在幼兒戲劇、教具製作方面的能力，但沒想到，當所有劇碼都演完後，科主任沒有發表太多心得，反而心血來潮，對其中一組用心扮演的學生提問，問她們：知道自己演的那個動物，中文字怎麼寫嗎？然後她讓該組同學上去寫寫，也讓高一、高二兩班的幾個孩子來寫寫。

　　那瞬間，我有一種大事不妙的刴賽感，心想自己還真是失策，當各組學生開始製作時，我三不五時臨場督軍，給予各種意見，但怎麼就沒想到，要教他們寫劇目的字呢？這些小孩們平常口舌便給，伶牙俐齒，從來不需要我擔心，可是叫他們寫字，那簡直是要了他們的命啊！

　　於是我急忙轉頭，看向學妹們那一班的導師。咱們幼保科兩班的導師，可是囊括了全校大半數以上的國文課老師，就算不是覽遍世間書，好歹也比別人多識點字，我們教出來的學生，按理說應該都具備相當程度的國文能力才對。

　　可是事實當然不是這樣，因此，當科主任提出這問題時，我相信倒吸一口涼氣的，也絕對不會只有我而已。所以我跟她相視一笑，都笑得很苦——本來是幼保科的成語故事表演比賽，結果

科主任卻硬生生將它改成了國語文競賽，這可怎辦才好？

　　那瞬間，我心裡想的兩個字是「靠北」，但我知道鄒老師心裡的話，應該會稍微委婉雅致一點，不過想要表達的情緒張力，則理當相去無幾。

　　我們坐在座位上，看著兩個班的學生一起上台，她們手上拿著白板筆，躊躇、猶豫、徬徨，最後終於歪歪斜斜，在白板上寫下答案，雖然四個字的成語，錯字率不到五成，算是讓我們捏把冷汗的過關，可是畢竟驚魂難定，心想，看來什麼幼兒戲劇、兒童文學都可以免了，最好把教具製作也丟一邊去，咱們從今天開始，就一直國文小考小考，考到世界末日算了。

　　偶爾，學校裡會有幾個孩子，拿著不懂的字來問我；又偶爾，作文考試時，會有幾個學生舉手，想問某幾個字怎麼寫。通常第一個狀況，我會不管自己知不知道，都先回答「我不知道」，因為我平常實在不太有閒工夫，去回答這種小問題，而且教書幾年，不停鼓吹著要他們養成查字典的習慣，但這些小孩從來也不理我，每次遇到生字，就只會找老師纏問一通，然後聽完就忘；

至於第二個情況，我會在考試中，直接告訴他們：「寫注音，寫注音也算對，但是注錯音就扣分。」

　　注音寫對了，為什麼可以給分？這是一個非常難以界定對錯的問題，站在嚴格執教的立場，哪怕是一筆一畫的失誤，都不應該輕輕放過才對。但我想說的是，這並不是一所以升學為導向，強調菁英教育的高中，我們更傾向於讓學生樂於上學，並在這兒獲取專業技能，或許有些地方上的民眾，或是只看榜單排行的一般人，會對這所學校感到懷疑，甚至也質疑我們的學生。

　　然而任教幾年後，我卻由衷地認為，在一個智慧型手機盛行的年代，當語音輸入都已經成為一種溝通的媒介方式時，一個字會不會寫，還有那麼重要嗎？而我們單憑一個字究竟寫對或寫錯，來判定一個學生的學習成果，這樣夠公允嗎？

　　字寫對或寫錯，固然能看出學科的基本功是否紮實，但在技職體系中，孩子們更加需要鍛鍊的，不只是文字筆畫或數學公式而已，只可惜，更多專業的基本素養，其高低並不外顯在一張考卷上。

　　用一個簡單的說法就是：有些本領的高低，是考試考不出來的。

　　這所半偏鄉的小高中，位在北橫公路的山腳邊，當年劉銘傳

等人前來開山撫番時，所設置的「撫墾總局」就在我們學校附近。這兒的學生雖然大多不是出身富裕安康的原生家庭，但無論是單親、隔代，或新住民、原住民家庭的孩子，他們一貫都是樂天派，甚至有時會自由過了頭，還需要老師幫忙拉一把，但當有一天，這些學生踏出校園，卻也未必會因為一個字或幾個字不會寫，就遭遇到什麼天大的難題不是？

秉持著這樣的想法，即使我經常看到寫滿注音的作文考卷，卻照樣給分，給著給著也給成了習慣，尤其這位國文老師，以前還是個敲打鍵盤來「寫」故事的作者，連我自己都常常忘記一些字該怎麼寫。對於這種突發性的失憶問題，女友常常笑我，說你到底怎麼當國文老師的？尤其是某天我自己招認，居然一時間忘了「胭脂」二字長什麼樣子的時候。

而且，我不好意思承認，其實那次科會，當學生在台上猶豫、躊躇時，我還偷偷拿出手機，查了一下「鷸蚌相爭」的「鷸蚌」兩個字。

活在這個世界上，你需要記得、惦念的事情太多了，比起兩個字的筆畫，我們更應該提醒自己，關於人際關係的經營、關於老闆或老師交代的多少事項、關於你必須汲汲營營去謀生或求學的內容，以及你必須斟酌再三，才能勉強支度的經濟狀況……我提醒孩子的是這樣，我比較希望他們學會的也是這些，至於鸕鳥究竟長什麼樣？在哪裡可以看到？這個「鸕」到底怎樣寫才對，我不在乎，我也不希望學生太過在乎。

君子之儒，要做的是觀其大略；小人之儒，才會摘章逐句，還沾沾自喜。

所以我還會舉出例證，告訴學生，有一位出身中文系的寫作前輩，曾在談笑時如此大聲疾呼，說：「我們讀的是『中文系』，不是『字典系』！」

個人覺得這句話深有道理，在大學時期，「文字」、「聲韻」、「訓詁」，三者合稱「小學」，是屬於中文人的一種工具之學。這三科不但在大學二、三、四年級當中，每年逐一出現，而且還是必修科目，更有擋修的風險，而我何其有幸，每一科都低空過關，其中「文字學」補考那次，恰巧碰上颱風來襲，教授珍藏的龜殼泡水，咱們大夥捋起袖子救災去，才蒙他恩賜，賞了一個六十分。

若干年後，當我在餐管科上課時，黑板上一個隨手寫下的「虎」字甲骨文，已經足夠唬住他們，但殊不知，老師也只記得這個字而已。

此外，當年我們也曾炫耀，說，誰敢笑我們中文系沒有原文書？有本事你拿《說文解字注》過來，通篇沒有一個標點符號，你標得完也看得懂就算你贏。

而今，我把一系列的標點符號都寫在黑板上，木工科的學生問我：「老師，我把這些都直接刻在木頭上再送給你，可以換一個六十分嗎？」那瞬間其實我還挺想答應的，因為這六十分代表的，是我將獲得一個很能拿出去炫耀的木製玩具，而他們至少都能記住分號跟頓號的差別，也能知道什麼是破折號，什麼是刪節號。

所以囉，不過就是幾個字看不懂而已，那有什麼關係呢？中文出版品何其浩瀚，但誰不仰仗一本《辭海》？它在夜市攤子裡，一本只賣 299，你每年買本新的都不為過不是？比起文字學或聲韻學的內容，你還不如學會查字典或辭海，這總是比較實際一點的。我一點也不覺得偷拿手機，查一下「鷸蚌」有什麼好丟臉，畢竟我只是個中文系的，而且還是個臭臉說「不會寫就寫注音」，學生就算偷笑，但也不敢反駁的國文老師。

如果我把這想法，在班上對大家說明的話，我想我們班的范美就會亂問：「可是你終究還是國文老師不是？你該會的字總比其他人要多一點才對吧？」

　　好，那我想抗辯的是：難道英文老師就有背過整本漢英字典嗎？應該不至於吧？

　　「但萬一有呢？」我們班的范美，她到這裡就會再追問。那我就會又嗆一句：「Ｘ的那就給他拍拍手啊，不然怎麼辦？」

　　我們需要煩惱的，是自己腦袋裡究竟有沒有想法，而不是那些想法要寫成文字時，會有幾個字不會寫的問題；同樣的，你走出門去，遇到一個外國人，你所需要思考的，是自己為何沒有勇氣開口說英文，而不是一個外國人站在你面前，你卻還在思索著自己到底會多少單字的問題。

　　所以，孩子們啊，身為國文老師，我會的國文知識當然要比你們稍微多一點點，但那是因為我在上課前已經先行備課，也因為我以前偶爾有吃飯配《辭海》的習慣，然而要說起吃飯這件事，最完美的搭配，終究還是三國或水滸，因此你們也不要太過苛責或奢求了，好嗎？

　　還是你們想跟我當年一樣，學個「壽」字也得牢記「士勾工一口寸」的低能口訣？再不然我還可以教你什麼叫做「春天的兩

條蟲」。

　　全校大約有三分之一的班級，都曾上過我的國文課，不管是哪一科、幾年級的學生，我總在開始上課的第一天，語重心長地勸他們，就算不能人人都有，起碼一個班還有點班費可以花，拜託你們去買本字典或辭海吧，買了就偶爾翻翻，當作交朋友吧，好不好？

　　至於在考作文的這當下，你想注音就注音吧，我是不會怪你的，反正老師會直接寫給你的字，通常你最後都不會記得；你自己發自內心想去學會的字，那才是你的朋友；至於我，我是個不識字的國文老師，而我想教你的，從來也不只是國文而已。

01

沒有人是天生的廢柴，
只是要找一個屬於你的
「對的舞台」。

有些孩子，他們需要的其實就只是一個
綻放光芒的舞台，可以讓他們證明自己
的能力與價值，從此成為一個相信自己、
擁有自信的人。

這裡很重要，但不會考

傳統印象中，總認為幼保科的學生，將來就只有保母或幼兒園老師的職業可以選擇，然而近年來，幼保的領域早已突破侷限，舉凡老人長照、幼兒膳食營養、時尚造型與美容與美髮，乃至於寵物照顧等等，只要是跟家庭或家政有關的產業，其實都是幼保科的發展內容。

　　正因為它的包含範圍實在太廣泛，像我這樣一個以國文（偶爾還兼差去教歷史、地理與公民）為本業的老師，有時也會在本科的專業項目，如「兒童戲劇」、「兒童文學」，乃至於比較通論性的「家庭教育」等課程中，稍微插花露臉一下。

　　本校的幼保科，除了一般課程外，最重要的傳統大事，就是每年固定要參加全國學生創意戲劇比賽，我們不但年年報名，而且對獎項總是志在必得。所有幼保的新生，打從高一入學，就會先看一場學姊們的演出，讓學生了解什麼叫做「黑光劇」，那些新生們目瞪口呆的表情，對學姊們來說，就是最好的鼓勵。

　　顧名思義，「黑光劇」就是一種又黑又有光的戲——在演出時，所有舞台上的演員都全身穿黑，不但黑衣黑褲，還有只露出兩隻眼睛的黑色頭套，外加黑色手套跟長襪，全身包得嚴嚴實實，半點膚色也不能露出來。在漆黑的舞台上，他們要熟記各種道具的出場順序，要記得如何走位，並展現肢體動作。全場漆黑

中，唯有幾盞螢光燈的微光照射，讓那些用特殊反光色紙所製成，各種五彩繽紛的道具，表現出栩栩如生的精彩動作，不但活靈活現，而且還有連貫性的劇情。

我們班從高一開始，就讚嘆學姊們的精采表現，同時也躍躍欲試，當高二時，我們決定劇目，要在一個有許多原住民學生的班級裡，演出一個屬於泰雅族的故事時，孩子們更顯得無比熱衷，而且也感到驕傲。

為了讓孩子們更習慣與舞台有關的一切，在正式準備那場比賽之前，他們高一的一整年，不但要耐著性子，接連看過多部經典舞台劇，去學習專業的動作表現與場面調度，也得身體力行，練習舒展肢體，並藉由很多其他的文學小戲劇的練習，學會不怯場地在台上表現自己，以及製作道具的基礎能力。

這些工作，占據了他們許多的時間與心思，壞處是可能會稍微耽誤一點課業，但好處則是凝聚班級向心力，同時也讓他們累得沒有力氣，再去進行那些小女生們特有的圈圈文化。

有時我們會自我調侃，說好好一個幼保科，鎮日忙著黑光劇，乾脆改名叫做「黑光科」算了，但看他們一邊忙活，又一邊歡笑的樣子，我又會想，這是個聲光璀璨，多少誘因充斥的時代，一個尋常的孩子，平均一年當中，可以在手機裡下載多少

遊戲、看多少搞笑網紅短片、或給自己拍多少段不知所云的抖音影片，然後到了一年結束，他們稍稍盤算一下，會發現自己活得有意義的日子，一年中到底還剩下幾天？

　　我不是那種八股或老套的師長，但我也不想任由孩子的青春，就這般糟蹋在虛無的網路世界中，所以當他們製作出一組又一組精緻的道具，或排出一幕又一幕的畫面時，其實我比任何人都高興。

　　本來高二這年，是他們該去參加比賽的時候，但在開學前，學校因為方針的調整，傳出有意讓本屆學生停止參賽的聲音。這消息走得很快，即使尚未開學，也已經甚囂塵上，孩子們大感錯愕之餘，更群情激動，他們苦練了一年，滿懷憧憬與期待，為的就是在二年級時，參加這次盛會。

　　我看著他們在通訊軟體的班級群組中紛紛熱議，有點束手無策，只能安撫大家，希望他們稍安勿躁，等學校做最後決定就好，結果孩子們根本耐不住，弄到最後，不但學生堅持參賽，甚至在「親師日」的家長意見欄中，也看到許多家長都強烈要求，一定

要讓孩子有出場機會。

　　夾在學校的立場，與學生的心意之間，其實我很兩難，好像站在哪邊都不對，然而若論私心，我當然希望能讓自己的孩子，也有一次踏上舞台的機會，畢竟過去一年中，他們付出多少心力去培養與鍛鍊，那些過程都在我眼前被證實，我有足夠的信心，相信他們能獲得不亞於學姊們的成績，而孩子們也信誓旦旦，要把全國特優的獎牌給帶回來，我又怎麼忍心拂逆他們，讓他們連證明自己的一次機會都沒有呢？

　　有些孩子，特別是在學業成績上不佳的孩子，他們需要的，其實就只是一個綻放光芒的舞台，那個舞台可以讓他們證明自己的能力與價值，甚至可能改變一生，讓他從此成為一個相信自己、擁有自信的人。

　　這個舞台，如果連老師都不去幫忙爭取或尋找，那這種老師可以打包起來，直接丟進垃圾桶算了，還跟人家談什麼教育呢？

　　好吧，所以我必須承認，親師日那天，我確實偷偷地、小小地、稍微地，煽動了一下到場的家長們，因為我需要他們的幫忙，好讓孩子們也拿到一次全國冠軍。所幸，這些家長所寫的意見，果然得到學校的重視，一切雜音被屏除後，我們也終於能夠按照

計畫，去參加全國大賽。

　　這齣戲雖然有導演負責編排、指揮，但導演不會每天都在學校坐鎮，所以很多的練習，除了學生自主之外，還是得由導師負責盯場。每當看著他們辛苦排練，有人跌倒，有人扭傷，有人為了在黑暗中做出複雜的動作而不停反覆排練，儘管我常常板起臉來，大聲斥責或糾正，卻也偷偷地為他們心疼。

　　這些從沒受過正規戲劇訓練的孩子，一再的練習，依靠的只是一股不肯服輸的拚勁，所以他們會忍受著一點也不通風的服裝衣著，牢記音樂節拍，確實做好每個動作，即使是不用上台的道具組人員，也會在旁直盯著現場，他們手中永遠抓緊剪刀、黏膠與各種維修工具，只要台上一有需要，他們會立刻接過損壞的道具，在最短時間內搶修完畢。

　　我沒有經營劇團的經驗，不知道在專業的劇團中，當演員們瀕臨崩潰前，團長是不是有什麼神奇的絕招，可以讓團員們把吃苦當成吃補，繼續興高采烈地接受折磨。所以通常我在這種局面下，看著一群又苦又累，幾乎再也撐不下去的孩子時，都只能採用自己的方式。

　　而這方式也挺簡單，就是不斷文攻武嚇，軟硬兼施：有時我請喝飲料，有時我請吃餅乾，有時我大聲斥喝，有時我語重心長

地告訴他們，也許你畢業後，礙於生活，一輩子都只能汲汲營營，去為每個月的開支所苦，再也沒時間或力氣，去顧及你原本所有的夢想，但你別忘了，你曾經是舞台上最閃耀的光芒，而這個比賽，是你即使在未來一生都苦不堪言時，回想起來，也依然會面帶微笑的記憶，因為這可能是你一生中，唯一一次最接近全國冠軍的時候，又或者，你就真的是全國冠軍。

　　儘管當時很辛苦，但在後來的日子裡，我卻格外懷念那段陪著他們一起奮鬥的時光。那一年，我的荷包瘦了很多，這些小鬼們沒有太多閒錢，又經常累得苦哈哈，除了精神喊話，要讓他們瞬間回神的最好方法，還是莫過於老師打通電話，幫他們訂個飲料。不用太貴，只要一杯手搖飲料，就能讓大家一陣歡呼，活力滿點，再難演的橋段，他們都可以神采奕奕，反覆多練幾次也不成問題。

　　這樣的砸錢攻勢超級有效，我們也花錢花上了癮，正所謂重賞之下必有勇夫，還真是個自古皆然的道理。要上戰場前，勇士們自然不能空著肚子，所以我們秉持著「幼保科的學生只要一出門，一定都吃很飽」的基本精神，在全國決賽那天，中午前先吃一頓麥當勞，當比賽結束後，回程的途中，他們手上又捧著一個超大版的廣式燒臘便當，而校車返抵校門口時，雖然因為正值週

末，沒有全校師生列隊歡迎，但他們將滿車道具都歸位後，等在警衛室的，又是好大一塊現炸雞排，跟一杯 700CC 的珍珠奶茶。

你可以說這是一種心理戰術，也可以說是老師心機很重，就像後來有學生問我，比賽還沒進行前，我們就訂好麥當勞、廣式便當、雞排跟珍奶，那萬一要是輸了，這些錢不就白花了嗎？我笑著告訴學生，提早把餐點訂好，還放出消息給大家知道，甚至都還沒比賽呢，麥當勞就先吞進肚子了，為的是什麼呢？

我跟孩子說：『聽過『偷雞不著蝕把米』這句話吧？想偷雞，就是得蝕一把米，無論那隻雞後來是否順利到手，一把米都肯定是要付出的。我有多想要一個全國冠軍，就有多大的心理準備，要讓你們吃到盡興為止；當你們知道，今天會有一餐接一餐的美食，等著你們用特優獎牌來換的時候，你們會不會加倍努力呢？』我笑著說：「這把米，我蝕得非常值得。」

套句范帥在比賽前所說，用來安撫大家的緊張情緒，同時也鼓勵同伴的話，她說：「大家不用怕，我們今天不是來比賽的，那個冠軍獎牌，其實早就是我們的，我們今天只是來把它拿回去，順便輕鬆演一場，給評審們看一下而已。」她當時雖然說得心虛，但確實讓大家忐忑的心都平靜不少，連我也彷彿相信了這幾句話。

當燈光一暗，音樂一起，第一幕動作開始後，二十分鐘的時間裡，他們毫無間斷，沒有任何拖泥帶水，在我握緊掌心，咬緊牙關，深恐台上會發生任何一個放槍差錯的重重擔憂下，他們一氣呵成不停演出，展現出平常嚴格訓練後，最完美的成果，直到謝幕完成，我在觀眾席上吐了一口長氣，趁著主持人開口，要我跟科主任上台一起受訪前，趕緊擦去一顆眼角的眼淚。

　　頒獎時我沒有喜極而泣，後來，有孩子問我，說老師你怎麼可以沒有哭？你是不是沒有很感動？我笑著說：「你們不是說今天只是『順便』演一場而已嗎？那還有什麼好感動的？」那樣說著時，其實我忍得很辛苦。

　　現在，那個全國特優的獎牌，就放在幼保科的專業教室裡，成為我們這三年來的最大驕傲；當學校要將特優的消息製成榜單，上面還鐵劃銀鉤，寫著孩子們的姓名，派人親送至他們曾經就讀的國中，想跟他們以前的師長一起分享喜悅時，那時范帥又說話了，當年很不愛讀書，也很少到學校去露臉的她，有點尷尬地問我，說：「老師，這樣很不好意思耶，我國中沒有

這個國文老師
不・識・字

拿到畢業證書，現在卻把我的名字印在上面，還拿去給以前的老師，那會不會很丟臉？」

我笑著告訴她：「丟臉？這一點都不丟臉，相反地，你們應該感到驕傲，因為就算妳國中很不愛讀書，但也不表示妳就不能創造屬於妳的奇蹟，今天，妳就可以大大方方地告訴全世界，妳是全國最棒的學生演員。」我喜歡那一瞬間，孩子們自信滿滿的神情。

我心裡在想，成績固然可以反映一個學生的讀書、考試能力，卻不能代表這孩子的人生成就。他以後會是怎樣的人？除了學業分數之外，他還能做多少事？這些都不是登記在 0 到 100 分之間的事情，只是我們常常忘記，忘記要提醒孩子，千萬別低估自己的能力，結果時間一長，連他們也不相信，自己原來還可以有更多發揮空間而已。

沒有一個孩子是天生的廢柴，他們需要的只是一個「對的舞台」，就能讓一顆頑石，從此蛻化為美玉。

後來我們不停地繼續維修道具、到處巡演，讓更多人看到這齣戲，而我也就繼續一直噴錢。我總覺得，一次一千多塊錢的飲料費，其實一點都不算貴，因為他們演得很賣力，喝得很開心，那些飲料不過是一點最微薄的小鼓勵而已。

這些娃兒們，有些人平常就苦於生活，還得打工維生、有些人成績欠佳、有些人在學校生活中很難培養出成就感或滿足感，他們的未來，可能要花費比都市孩子更多的心力，才能勉強追上別人的生活水平，但至少在這樣的一次盛大比賽中，他們曾經貨真價實地，成為一次全國的最佳隊伍，那是別人怎麼也無法超越的。

　　而這就是我希望他們一直銘記在心的驕傲，我們都會記得，帶回「特優」成績，返抵校門的那天傍晚，大家都累翻了，但肚皮卻撐得飽飽，內心也無比澎湃，我們在最後解散前，全班一起高舉手上的珍珠奶茶，我喊了一聲「恭喜各位，全國冠軍！」的畫面。

　　他們笑得很開心，有人眼角泛淚，全都一起高高舉杯，陪老師乾了一口，敬我們花費將近兩年時間，用多少汗水與淚水才澆灌累積成的輝煌。我只覺得，那瞬間的一幕，會是我往後一生中，永難抹滅的記憶，因為我始終相信，我的這群孩子是最棒的，他們證明了我的眼光，也證明了他們自己。

02

學會測試老師的底線、盡可能偷雞摸狗，是學生時代最重要的任務。

學到踩線而不越線的優越平衡感，也可以享受小小犯錯卻不被計較的刺激感，與老師鬥智，培養訓練出一顆靈活的腦袋。

這裡很重要，但不會考

對很多出身都市，或家境比較寬裕的家庭的人而言，可能會難以理解，甚至無法想像，在較為偏鄉的地方，這些孩子們平時的生活是怎樣的。

　　還記得幾年前，剛到學校面試那天，人事主任對我大致說明了這些孩子的狀況，問我是否會很難認同，而我笑著搖頭，說沒有問題，因為大溪其實不算太過偏鄉，頂多只能算是山腳下而已，若要相比的話，我所生長的南投深山小鎮，那才真的叫做遠得要命王國，而我就是從那樣的地方來的。所以，當看見校園裡有很多原住民學生，洋溢著天真爛漫的笑容，從我身邊經過時，我彷彿還有一種自己回家了的感覺。

　　一般來說，這些孩子的家境都不算富裕，很多人雖然住在學校附近，但都是依附在親戚朋友家居多，他們的父母，可能在學校後山，沿著那條北橫公路更往上，某個山上部落的果園中忙活，平時少有下山。孩子們從小就養成獨立自主的個性，並對大都市中的一切充滿新鮮好奇，只要一有機會踏進都會，總能大開眼界一番，要是再碰上我們的校外教學，則順便又能大飽口福一頓，簡直是心理與生理的雙重滿足，幸福得無以復加。

　　說起幼保科的校外教學，可是其他科的學生都人人稱羨的。本科向來秉持「要嘛不吃，要嘛就吃到飽才回家」的宗旨，每

次有這類活動，經費除了運用在交通工具的開銷外，我們總要絞盡腦汁，給學生找點既能開開眼界，又能打發時間的去處。有時去大稻埕老街（免費）、有時去花博爭豔館（基本上也免費），有時則去士林的兒童新樂園（除了一點門票支出外，其實也等於免費）。

在這些地方廝混幾個小時後，才是孩子們真正期待的時間——兩年多來，他們吃過韓式烤肉、美式自助餐廳、泰式料理，還有日式涮涮鍋（應學生們要求，涮涮鍋還吃過兩次），這些餐廳的選擇標準，除了安全、衛生之外，最重要的條件，就是要吃到飽。

身為老師，看著學生放肆地開懷大吃，其實是有點不應該的，畢竟那對身體健康可能會有不良影響，然而當孩子們笑語歡樂，手中冰淇淋一支接著一支，或烤肉一盤接著一盤，如此愉悅地享受美食時，我也只能說服自己，在最低限度的提醒之外，盡量就睜一隻眼閉一隻眼，由得他們去盡興了。畢竟，每個人出身的環境不同，對於「快樂」的追求方式也不同。有些人追求更高階的生活品質，有些人則在簡單而純粹的樂趣中獲得滿足，這沒有貴賤之分，更沒有高下之別，否則，老祖宗何來「能吃就是福」的諺語？

更何況，看著他們大快朵頤後，還在台北街頭，毫無顧忌也不害羞，大方地去搭訕路過的外國人，或與街邊打扮新潮，在發送傳單的年輕人恣意攀談，還要求合照，我也喜歡這樣的坦率與天真——雖然那個外國人完全聽不懂小孩們的英文，人家根本不是美國或英國人啊！與其規矩重重，連吃幾口冰淇淋，或跟路人多聊幾句話都要管，搞得如此無趣，那還不如老老實實，關在教室裡上課就好，不是嗎？

但即使如此，有些規矩總也不能輕廢，畢竟校外不比校內，有太多安全顧慮，是老師們應該要留心的。全科一起出遊，每次隊伍排得最快、秩序最為嚴謹、點名從無缺失的，從來都是我們班。孩子們很清楚，老師在出發前，嚴肅叮囑「紀律與效率，是我唯一的要求」，這句話絕對不是空談，更不是隨便呼呼口號而已，萬一真捅出了什麼簍子，回來可會倒大楣。

而這也表示，他們會開始思考，如何測試老師的「紀律」底線，並在不影響「效率」的情況下，盡可能的偷雞摸狗——我個人認為，這或許才是校外教學活動中，最具教育意義的一

環？太多藏在課本裡的知識，往往在月考或畢業後就失去效用，但如果在學生時代，他們除了吃飽飽，讓自己健健康康之外，還能因為與老師鬥智，培養訓練出一顆靈活的腦袋，我以為這才真的算是完成了他們學生時期的最重要任務了。

在這個法治社會裡，循規蹈矩固然可以自保，但你總會有需要周旋在法律邊緣的時候，一條線能踩到什麼地步，與其等你出了社會，輕易去「以身試法」，倒不如今天拿老師來實驗實驗，看老師什麼時候會火山爆發，你會學到踩線而不越線的優越平衡感，也可以享受小小犯錯卻不被計較的刺激感，瞧，那不是多棒的一件事嗎？

所以他們微微脫隊一分鐘，去販賣機買一瓶飲料的事，老師瞪了一眼之後也就算了；或者他們圍住正在發傳單的小姊姊，糾纏著人家非得答應合照不可的行為，老師嘆口氣後也轉身不看了，正所謂「水至清則無魚」，只要不危害生命安全，或不造成團體的困擾，我更希望他們在這些小小的任性行為中，學會拿捏尺度與分寸就好。當然，在火鍋店吃到飽、飽到吐、吐完還給我繼續吃的行為，這個我沒有答應，我是後來才知道的。

本來，讓平常都在封閉小鎮上生活的孩子們，可以到外頭去見見世面，或吃點異國料理，那不過是身為科上師長的一點心意，然而出乎意料地，後來這竟成了我們招生時的一大利器。

　　有一回，我們遇到一位自動送上門來，要報名就讀幼保科的新生，我十分好奇，在少子化的時代，當許多人都懷疑本科系的未來出路時，這位主動投入幼保領域的新生，到底是怎麼一回事呢？

　　結果那孩子告訴我，他在選擇科系時，心裡自然也曾迷惘與徬徨，然而最後促使他投入幼保的原因，居然是因為他聽說「幼保科每學期出去校外教學，都在吃到飽的餐廳吃到非常飽」……當孩子這樣回答時，語氣自然是戲謔的，但眼神卻告訴我，這其實也真的是誘因之一。那時我跟科主任對看一眼，哭笑不得，不知道該擺什麼表情才好。

　　並不是每個在偏鄉小鎮長大的孩子，都連吃頓大餐的能力也沒有，只是這樣的校外教學機會確實不多，況且，鎮上也沒有那麼多餐廳可供選擇，更沒有花花世界可以讓他們盡情瀏覽罷了。所以當一群孩子在互相比較，吹捧著自己科上的活動時，我也就不逼著他們要謙虛了，畢竟，餐飲科雖然去了「鼎泰豐」，但總不會小籠包吃到飽，而我們班的孩子，則臭屁至極地說：「我

吃完火鍋之後，還吃了七支冰淇淋，然後我就吐了，吐完擦一擦，我又回去繼續吃第八支！」

　　在我還是個孩子的時代，並沒有「校外教學」這樣的名詞，當年我們只稱之為「遠足」而已；而在那一個「遠足」的年代，學校好像從不考慮什麼「寓教於樂」之類冠冕堂皇的理由，所以我們會去烤肉、戲水，或只是到哪座名山寶剎去走一圈，吃光了書包裡的零食，老師就會帶我們回家。

　　那時，我們似乎從不曾在遠足的過程中，真正學習到什麼了不起的東西，但卻充滿歡樂。而今，在非常健全的教育制度下，所要考慮的事情變多了，連本該簡單進行的「遠足」都成了非得講求意義的「校外教學」，搞得好像如果不弄點什麼假假的教育性質，這一趟出門就會罪孽深重似的，但到底有誰問過孩子，究竟若干年後，當他們回想起求學時代的某次校外教學時，真正留在回憶中的畫面，會是些什麼呢？是一次兒童畫展的內容？還是那八支冰淇淋吃到淋漓痛快的滋味呢？

　　如果我是個孩子，我依然會選擇冰淇淋；如果我是家長，我會為小孩選擇冰淇淋；剛好此時我是老師，所以我想帶孩子去吃冰淇淋。

03

為了讓你們此後只剩
好風景，我現在就要
開始折磨你們了。

大人的世界非常醜陋，大人們經常隱藏
真心，往往都戴著面具在演戲，而我不
得已，非得教會你們這種演戲的本領。

這裡很重要，但不會考

很多朋友與我聊起教育，都會感到不可思議，他們萬難相信，一個撒野慣了的寫作者，竟會忽地搖身一變，成為高中老師；更無法想像，這樣一個高中老師，帶著一群女學生（其實我們班上也有男生啊！）時，將會呈現一種怎樣的畫面？

有人說，可能會像日本漫畫《麻辣教師GTO》的鬼塚英吉那樣，完全不把規章教條放在眼裡，放肆胡來地只做自己，還帶著學生一起胡鬧；也有人從我曾讀過中文系的背景出發，認為我會秉持孔老夫子的風範，或戮力發揚韓愈先生的觀點，做一個以傳道、授業與解惑為畢生職志的老派教書匠。

但他們後來都發現自己無法完全猜中，因為，我既是鬼塚英吉般，會跟學生打鬧的老師，也是一篇一篇文章，慢慢慢慢教著，從不能允許自己怠惰的那種龜毛老師。想在游老師的國文課裡看影片？可以啊，看「中文名家100位」好嗎？從韓非到韓愈，從白居易到白先勇，保證應有盡有，看到欲哭無淚都可以。

他們問我，這種反差的根本原因在哪裡，我說：第一，我小時候最討厭擺臭架子的老師，自己也不想成為這種老師，而且學生又單純又好笑，想不陪他們玩玩都忍不住。比如說，平常從不遲到的我，有一回難得晏起，到校時已經接近八點，副

班長范美問我是不是睡過頭，我義正嚴詞地告訴她，身為一個優秀的導師，怎可能發生這種事？

「妳早上沒有聽說嗎？有一顆隕石掉下來了，雖然沒有很大顆，但是卻剛好砸在高速公路上，造成雙向交通中斷，結果我就被卡住了，」我煞有其事地說，「還好那顆隕石沒有打在我車上，不然今天妳們可就要換班導師了呢！」

當我在瞎唬爛這些鬼話時，心裡完全沒有任何劇本，純粹只是信口開河，沒想到范美睜大眼睛，很認真地點頭，還陪我說了幾聲「好險」，然後她又問我，這顆隕石後來怎麼處理，是不是要叫吊車來把它吊走……

「噢，不用啦，因為就在我們大家都下車，走過去看那顆隕石的時候，它忽然從中間裂開，原來這顆隕石其實是外星人的太空船所偽裝，有兩個綠色的外星人走出來，跟我們打招呼，然後它就自己又飛走了……」說到這裡，我已經笑彎了腰，范美也終於恍然大悟，知道自己上當受騙，她羞著臉大叫，差點在辦公室外面把我活活打死。

至於反差的第二個原因更簡單了，我認真教書上課，那叫做天經地義，人家付我薪水，要的不就是我努力工作嗎？所謂「十年樹木，百年樹人」固然冠冕堂皇，但說起最根本的原因，

只是我覺得老師的職業道德非常重要，一個沒良心、散漫怠惰的老師，應該會下地獄而已。

猶記得兩年多前，我這群孩子才剛入學，小高一的新鮮表情寫滿臉上，在見面第一天，我這個菜鳥班導師，對他們說了一個真相，同時也包含期許：你們來到高中，是來準備轉型的，三年之後畢業，你們會從小孩變成大人，但很遺憾，大人的世界非常醜陋，大人們經常隱藏真心，往往都戴著面具在演戲，而我不得已，非得教會你們這種演戲的本領。無論是否真心願意，請你們從現在起，努力地在學校裡扮演好學生、在家裡扮演好子女、在同學面前扮演好朋友，也在你生活的世界裡，扮演一個好人。當有那麼一天，你演著演著都演成習慣，演到完全入戲時，你的日子就會很好過，因為你已經讓自己變成那樣的好人。

那時他們還有些茫然未解，而我很努力扮演一個好老師，盡量催促自己，去做每件「好老師」該做的事，哪怕再不情願，也不敢輕易偷懶，一路以來，已經演到今天。

我的手機裡頭，存著不少張教室裡的照片，朋友們看過後，最為詫異的，是粉刷得猶如幼兒園一般粉彩繽紛的教室裡（那還是我一刷一刷，親手刷出來的教室），在另一側的公布欄上，卻斗大寫著我們的班訓「榮譽、信念、驕傲、傳統」。升上三年級後，另外奉送兩個字，還不另收費，叫做「自律」。

　　那十個字，我請全班寫字最好看的江寶代為揮毫，龍飛鳳舞，鐵劃銀鉤，任何人都不能隨便塗改或擦拭，它明晃晃矗立在白板旁邊，全班同學上課時，眼睛不用瞥，都能時時被警惕著。

　　但為什麼是這十個字呢？曾有很多人問過，他們不能理解，在自由年代裡，竟還有老師會八股成這副德行，給高中女生們立下這種班訓？我告訴他們，當然更告訴過孩子們無數次，這種宛如軍事化的班訓，想訓練或陶冶的，其實不是教條式的生活管理模式，因為我們都清楚，這不是一個以升學為最主要導向的學校，比起榜單的亮眼與否，我們更希望一批又一批的孩子，從職科體系畢業後，能成為技能或品格都優秀的人才，很快投入職場，去跟其他學校的畢業生一起競逐。因此，就算讀書本領略不如人，那至少他們的生活品德不能缺乏，這是一種生活態度，也是一種對自己應有的期許——我們可以輸光一切，

但不可以輸掉志氣。

　　況且，我們還是幼保科，幼保科的學生，將來無分男女，誰都可能當保母；一個當保母的人，要是連地板都掃不乾淨，玻璃也擦得亂七八糟，誰還敢把小孩託付給你呢？

　　「首先，『榮譽』是一種隨時不忘，要恆常保持的想法——簡單來說，就是不服輸。

　　「然後，『信念』就是具備正向的思維，相信自己有『贏』的能力，繼續培養『贏』的實力。

　　「接著，『驕傲』就是一種『贏』了之後，才能獲得的滿足感與成就感，但千萬不能自大。

　　「最後，當你贏成習慣，它就是『傳統』。」

　　我告訴朋友，也告訴學生，當兩年多來，生活榮譽競賽的獎狀，已經成為我們班多到貼不完的壁紙時，這就是傳統的奠定；而最後一年，老師將不再那麼機車，也不再那麼囉嗦，我只希望他們在即將成年，也即將畢業之前，趕快學會「自律」，這是我想給孩子們的最後一課，這樣就好。

　　朋友們聽完之後，大多都是瞠目結舌的，他們怎麼也想不到，十多年的自由生活中，已經把「從心之所行，即是正道」的鬼話給活成座右銘的我，居然會拿「榮譽」、「信念」之類

的字眼來要求學生。

　　但我笑笑，再告訴他們，其實我們班的座右銘是另外幾句，而那幾句已經變成歇後語，班上人人會唸——當老師哪根神經不太對，發派下什麼工作，又或學校看重咱們班，多派給我們幾場黑光劇的巡演，讓大家面面相覷，互有難色時，我會清清喉嚨，說一句「伸頭是一刀」，他們就會嘆口氣，回答我「縮頭也是一刀」，於是我滿意點點頭，再問他們「孔子說？」孩子們則會回答那句孔子不可能說過的話，叫做「做人要甘願」。

　　所謂的座右銘，並不是搬一座沉重如山的鬼話，壓在你的頭上，提醒自己根本不可能做到。這種隨時品嘗失敗感的作法，是傻子才會幹的蠢事。

　　我不希望他們這樣自我侮辱，相反地，我更希望他們勇於面對，去翻越每一座可能翻不過去，或其實不想翻越的山；我會騙他們，說山的另一邊有多少美景，哄著他們爬上去欣賞。

　　但如果山的那邊，什麼屁也沒有，那怎麼辦？沒關係，那我就再找下一座山給他們去爬，反正三年時間，永遠有爬不完的山，總有幾座，是翻過去會看到風景的。

三年來，在十字班訓的驅策下，全班學生早已習慣，他們不是在追求榮譽競賽的分數，只是一如往常地過日子而已；事實上，我們班早已不稀罕什麼整潔或秩序的獎狀，當他們畢業時，就算每個人從牆上撕兩張回去當紀念，只怕都還撕不完。雖然沒有經過查證，但我相信這個生活榮譽競賽的累積得獎次數，應該打從創校至今，都罕有能與我們匹敵的班級了吧？

　　不過我也明白，對這群孩子而言，他們未必特別重視榮譽或驕傲，或是長存什麼信念，更不太可能自發性地保持傳統，且時時自律，那是因為凡人都有惰性，哪怕老師也不例外。

　　他們之所以如此優秀，能得到許多評分老師的一致好評，其實有一大半原因，都是班導採取比較強制的管理措施，在半被迫的狀況下，逐漸逐漸累積而來的，而我在罵完人後，則必須一次又一次提醒他們：如果高三畢業後，你們就要投入職場，那我希望你們求學生涯中，最後一個班導師，是非常機車的。要是你們在這麼機車的班導的帶領下，都能順利熬過三年，如願離開學校，那麼接下來的幾十年，你們將會發現，人生路上所遇到的每個老闆或主管，都仁慈可愛得像小天使。

　　看著如喪考妣般，非常苦悶的孩子們，我心裡跟他們同樣無奈，卻也只能硬著口氣，說：「為了讓你們在過我這關後，

　　我由衷、由衷地，是真的這樣希望著，所以我也並不介意被學生討厭，因為我相信這是值得的，讓他們在惡魔的砥礪下，茁壯成不畏風雨的勇者，總好過把他們變成溫室裡的花朵，好看、愉悅，但卻不堪一擊，不是嗎？

　　直到今天，偶爾在進出教室時，我會側眼看看那十個字，看著看著就想，倘若再過二十年，我們班開起同學會，屆時我發下一張空白考卷，叫他們寫寫班訓，不知道大家是否還能寫得出來？也許，范美可能一個字都想不起來，但我猜她一定會記得被老師唬爛，說高速公路上出現綠色外星人的屁話。而我真心希望，希望當年那五個經常逼得他們痛不欲生的字詞，真的有把他們推往更好的路上去。

　　至於老師在十分鐘前，才剛假裝非常生氣，又吼又叫地罵完人，讓大家膽戰心驚，杯弓蛇影地惶惶無措後，忽然又不小心就露出本性，開始搞笑胡鬧，完全忘記剛剛裝兇裝狠的事情，讓范美翻著白眼說「班導導（我沒有打錯字，也不是編輯校稿不認真，范美真的都叫我「班導【ㄉㄠˊ】導【ㄉㄠˇ】」），要不要這麼人格分裂啊！」的時候，我也就只好尷尬一笑，趕緊溜出教室了。

04

生日很重要，
但另外 364 天更不能白活。

所謂的「人情」，除了人要情願之外，
最重要的是還得衡量自身的經濟能力，
一份禮物的物價，反映在不同學生身上，
有時也會出現壓力的輕重之別。

這裡很重要，但不會考

我其實是個不喜歡各種節慶的人，無論是中、西方的節日，或者什麼生日、紀念日之類，通常都不會太上心，之所以會這樣，可能與自身的童年經驗有關，我並非出身於什麼和樂融融的原生家庭，家裡只要能夠無風無雨，就已屬萬幸，至於妄想談什麼慶祝活動，那根本天方夜譚。

　　當我跟孩子們說，班導從小到大，只收到過一次聖誕節禮物，那還是我媽帶我去三商百貨買的時候，他們露出不可置信的表情，第一個問題問我，那個禮物是什麼，我說那是一隻獨角仙的變形機器人；第二個問題，他們問我，三商百貨是什麼時代的東西？清朝嗎？

　　然後我就不爽再理他們了。

　　總之呢，你們的班導師——我，我就是一個這麼不愛節慶的人，當別班興高采烈，在討論聖誕節交換禮物活動，還要邀請我們班參加時，我根本想都懶得想，隨手從皮夾裡抽出五百元，裝進一個學校的信封袋裡，說這就是我今年要提供的禮物。那當下我意興闌珊，不料卻佳評如潮，搞半天原來大家都比較喜歡現金。

　　所以，十月底左右過生日的我，打從一開始，就沒有想要任何學生幫忙慶祝的意思，我有時看著他們在繪製一些生日圖

板，要給同學或好友一點紀念，總忍不住嘮叨，提醒他們：人活著的每一天，其實都非常重要。生日，不過是一年的三百六十五分之一，那天慶不慶祝都無所謂，重點是，其他的日子有沒有白活。我說得苦口婆心，他們則是馬耳東風，還問我：老師，我要黏卡片，你的膠水拿出來借用一下好不好？

高一那年，當我生日時，他們都還只是剛入學的新生，彼此都不熟，但當時他們的搗蛋本領已經不差，常常讓我這個新手老師感到焦頭爛額，所以當生日將屆，女友問我是不是該大方一點，請全班吃個大餐時，我立即搖頭反對，當時女友已經準備花大筆銀子，要訂學校附近一家披薩店的餐點，幫我做足面子，而我一擺手，斷然拒絕，我說如果非得請這群小惡魔吃點東西，而且吃完還不用坐牢的話，我最想餵他們吃子彈。

我女友就說我非常有病。

其實不只是剛開始帶班的那陣子，這兩三年來，我不時都會出現嚴重的職業倦怠感，當這種感覺出現時，我會意興闌珊，也會情緒焦躁，要不是相處日久，孩子們早已學會察言觀色，否則依照他們擅長胡鬧的本性，我可能已經崩潰無數次。

原來不是只有學生會不想上學，老師竟也會不想上班啊！？是的，這是一個異於常人的疲勞職業，每天含交通往返時間，

長達十二小時的漫長煎熬，光靠熱忱是絕對不夠的，跟幾個要好的學生閒聊，聽完他們牢騷後，我也會用厭世的口氣，跟他們說：孩子，別再抱怨讀書上學很辛苦了，不信的話，下次換你來當老師，你就知道即使每個月都放一次教師節，其實也不為過啊！

你必須知道，這世上沒有任何一份工作是輕鬆的，許多箇中滋味，往往只有當事人能親身體會，而你們的幸運之處，是太多愛你們的人，已經替你們走過苦難，與你分享的，只是看似無關痛癢的經驗——相信我，多聽一點他們的故事，可以讓你少跌很多跤。

好了，繼續說說那年的生日吧！那次我終究還是掏出錢來，只是大家沒吃披薩（不吃披薩的主因，其實是因為那一家沒有賣我愛吃的品項），反而是人手一大碗泡麵，當天中午，很少陪大家用餐的班導師，跟學生們一樣，麵條吸得呼嚕叫。

不曉得為什麼，學生都非常喜歡吃泡麵，而且不分廠牌、無論價格，各式各樣的泡麵在學校都出奇熱銷。我經常在午餐

時間，看到飲水機旁邊大排長龍，每個人都迫切希望能分到一點熱水，來沖泡手中那碗麵。

我一直很好奇，還以為教室裡的泡麵會特別美味，結果自己吃了一碗之後發現，根本也沒什麼差別。有一次我問班上的李阿吵：如果禁止大家吃泡麵，你們會怎麼樣？李阿吵很認真想了想，她說會有兩種可能，第一種就是大家今天都請假，因為沒泡麵吃，來學校就不好玩了。我聽了詫異不已，問第二種可能是什麼，她說那就會跟范美一樣，范美在高一那年，三天兩頭就跑進辦公室，她第一句會先喊「報告」，第二句就問：「班導（ㄅㄠˋ）導（ㄅㄠˇ），你今天便當吃什麼？可以分我一點菜嗎？」

總之呢，第一年的生日餐，就在滿教室的泡麵香味中度過了，一切都很簡單，他們連生日快樂歌都沒唱，只是盡情享受一頓而已。

到了第二年，我刻意不聲張，總覺得壽星傻站在那兒，接受大家的生日快樂歌，是非常愚蠢的一件事，連該擺什麼表情都不知道，所以不如就這麼靜悄悄地過去就好，沒想到中午休息時，范美忽然一臉驚惶，跑來說班上的美咩跟同學打起來了，我當時錯愕了一下，還以為是真的，因為好動的美咩本來就喜

歡跟大家打打鬧鬧，嚇得我連忙丟下碗筷，趕過去要處理糾紛，結果教室擺著蛋糕，他們唱起生日快樂歌，而我最後弄得滿頭滿臉滿身都是奶油。

到了第三年，生日恰逢週末放假，我想學生應該不會再搞什麼驚喜活動了，沒想到星期五中午不到，我剛上二樓，路過教室，心裡有些疑惑，明明是上課時間，教室怎麼不開燈，這樣老師要怎麼教課？探頭時，一個超級無敵大蛋糕就擺在那兒，桌椅已經全部挪開，連該節的任課老師都配合演出，拱著我當主角，按照去年模式，又一次讓我滿頭滿臉滿身都是，只是今年他們很好心，改用那種派對用的彩色泡沫，稍微好洗一點而已。

此外，我還拿到一張非常誇張的大卡片，寫滿全班同學的祝福，還貼上他們與我的合照，現在卡片擱在我辦公室的座位後方，成為永遠的炫耀——況且卡片實在太大張，帶回家也沒地方放。

我不知道別班的學生會不會這樣幫老師慶生，但我由衷感謝與感動，更有無比驕傲，只是也心疼他們花錢，想掏錢幫忙出一點，但孩子們堅持不收，所以隔天換我請全班喝飲料，當作回禮。

製作卡片來為人慶生，是孩子們常見的表現方式，大多數時候，我並不會干預或妨礙，但超過卡片之外的事情，偶爾就需要提醒一下，不能讓他們有過度的花費。除了希望他們省點錢之外，我偶爾會聽到女孩們的一點碎語抱怨，覺得一群人都掏出錢來，湊出了卡片、蛋糕跟禮物，但這位壽星怎麼好像不太懂得禮尚往來的意義，下次有別人生日時，竟然少出了多少多少錢，甚至一毛不拔？

　　然後這些耳語就會變成傳言，傳言會容易造成傷害，傷害就造成決裂，最後就又必須勞動我老人家出馬，還得費上一番唇舌，才能讓他們明白，所謂的「人情」，除了人要情願之外，最重要的是還得衡量自身的經濟能力，一份禮物的物價，反映在不同學生身上，有時也會出現壓力的輕重之別，只是孩子們還不懂，會忘了不能用自身的標準，來衡量別人的處境而已。

　　當一個班老師，帶著三十幾個學生，我像是一次寫三、四十本書，不能中斷，無法重來，也不能跟誰討論劇情發展的可能性，只能步步為營，戒慎恐懼地往前走，就怕一個不小心把他們的人生給寫砸了。

　　我教過他們很多東西，教法各有不同，有時聲色俱厲，有時戲謔胡鬧，但我沒有教過他們需要去為誰慶生，更從不支持

或鼓勵他們去慶祝任何節日，老師最常靠北的一句話，就是當他們興高采烈在過一整年永不間斷的情人節（在他們的世界裡，一年會有十三個情人節）時，老師總是冷眼鄙夷，嘲笑他們墮落在資本主義的陷阱裡。

然而他們還是接連兩年，為這個機車的老師慶生了，除了蛋糕跟卡片，孩子們載歌載舞，說說唱唱，為這個其實並不是很重要的日子，平添許多喜慶的色彩。我很感激他們記得這個小生日，更由衷為他們祝福，希望他們永遠都能保持這麼單純的初心，那是一種，能為了一個小日子就開心不已的感覺。

至於吃完生日蛋糕後，下週一照樣要國文小考，還真是不好意思了。畢竟除了生日之外，剩下的 364 天也都很重要，這是老師說過的，對吧？

05

聰明人會知道在不利於自己的規則當中，找到更多讓自己獲利的方法。

這世界本來就不公平，就像幼保三已經奠定口碑，每個評打整潔、秩序分數的老師，不用親自巡視，光憑印象來打分數，幼保三就已經贏了別人一大半。

這裡很重要，但不會考

在一個依然保持紅土跑道（而且只有一線跑道）、草皮略顯崎嶇的操場上，學生們的運動環境其實有限，但還好我們有一座功能完整的室內體育館，各項室內所能進行的運動，都可以是我們的體育課的內容。在諸般選擇當中，籃球可以說是最為熱門的，不但學校校隊曾經勇奪全國乙組冠軍，就連不以運動見長的其他職科班級，每個班上也都能找出幾個愛打籃球的學生；因此，順理成章地，班際籃球賽就成了全校最熱中的體育競賽。

雖然我把「榮譽」二字寫成班訓之一，但其實除了生活榮譽競賽外，大多數的比賽，都只會提醒大家「注意安全，好玩就好」，不管是「至善達人秀」的才藝類比賽，或班際籃球賽等等，本人都沒怎麼把勝負放在心上，這些活動，比起優勝的錦旗，我更希望他們樂在其中，去享受練習的過程，與比賽的刺激感，這樣就好。

會說得這麼豁達，有幾個主要原因，其一是我覺得大多數的運動，總跟身體發育的條件有關，我們這一班的學生，橫看豎看，都看不出有幾個是善於運動的身材，既然很難拚得贏，那乾脆不拚也罷；其二是老師本人就不是多厲害的運動高手，雖然買了一顆籃球想陪大家練習，但兩年下來，在球場上永遠

都只有撿球的份，連一個瘦瘦小小的李阿吵都能輕易從我旁邊
過人上籃，我還打個什麼屁籃球？既然自己都不行，那又憑什
麼去要求學生？

你小時候一定聽父母說過，說他們以前讀書考試有多厲害，
或打球跑步有多拿手——告訴你，那些其實都是唬爛的，不信
你現在拿張考卷給他們，或者丟顆籃球過去，十之八九的父母
都只有傻眼的份。

同理可證，你把「父母」跟「老師」二字代換一下，效果
通常差不多。

我們的班際籃球賽很有趣，採取一種可以用生活榮譽競賽
的名次積分，來當成資本額，以購買由老師擔任的種子球員的
制度。換句話說，整潔、秩序分數愈高的班級，就能在愈優先
的順位中，把理想中的種子球員買回自己的隊伍。

我以前押著學生去打掃，本來只是想訓練他們的生活習慣，
不料居然一兼二顧，順便存夠了每一年購買種子球員的資本，
所以我們班連續兩年的不二人選，都是女籃隊的教練尤老師。

雖然依照規定，男老師在女子組的籃球賽中，不可以下場參賽，但至少還能擔任教練一職，幫助我們一直前進到四強，然後在四強名單出爐前，將他交易出去，賣給更需要他幫忙下場打球的男子組隊伍。

對班上的孩子而言，選擇尤老師，這肯定是讓她們痛不欲生的，因為尤老師號稱全校最兇猛的老師，沒人敢在他面前稍有放肆，他帶領的女籃校隊就算在球技上未必能冠於全國，但紀律與品性卻絕對無庸置疑。

前兩年尤老師在我們班擔任教練，已經讓大家叫苦連天，現在還要在畢業前再來一次，小孩們肯定又要哀嚎，但我會選擇無視這些痛苦的呻吟，因為明師就算不出高徒，至少水準也差不到哪裡去。

而我希望小孩們明白，自主發展與練習，固然可以培養他們的獨立性，但並不是人人都有能力，可以在完全自由的狀態下，獨力探索出什麼別出心裁的成果，起碼，籃球是一套需要戰術與戰略的活動，就像班導我本人，抱著一顆籃球，你給我十年時間自己玩，我也不會變成灌籃高手。

所以，既然獨力練習的效果有限，那我就找一個能手握鞭子，鞭策你們往前衝的專業教練，哪怕是當牛，也能當一群跑

最快，而且還會投籃的牛吧！

　　尤老師沒有讓我失望，他嚴厲帶隊的風格，經常讓我們班的女孩們備感壓力，但他接連兩年，都讓我們推進到四強，去年還拿到全校第二名，只輸給上一屆的幼保科學姊。那時我安慰班上的孩子，說咱們這不是輸，只是敬老尊賢，讓學姊不留遺憾的畢業而已，大家勉強接受了我的安慰，卻也更加堅定決心，今年，她們也要在畢業前，將冠軍錦旗留在自己班上。

　　所以我們開始練兵，也跟去年的冠軍隊一樣，自己掏錢購買專屬球衣，一切弄得煞有其事，而我也早已決定，按照咱們這一班的整潔、秩序名次來看，肯定又可以最優先購買種子球員，屆時當然又要把尤老師給囊括進來。

　　不過，其實我還是那個念頭：覺得不過就是打打籃球，好玩才是最重要的，一面冠軍錦旗到底有什麼好計較的呢？我主張買下尤老師的原因，只是想要複製前兩年的模式，在四強出線、種子球員停止交易的截止日期前，用一個最漂亮的價碼，把尤老師給賣掉而已。依照規定，種子球員的買賣，是絕對禁止現金交易的，校方要求所有班級都採取積分制，當整個比賽賽程都結束後，會依照各班積分來敘功。

　　但問題就來了：我們幼保三光憑日常的整潔、秩序成績，

都已經小功、嘉獎記滿滿，多到學生不在乎的程度，誰還稀罕球賽積分所兌換的那點小功勞呢？

　　所以我告訴那些前來洽談交易的班級，給他們競標的機會，反正價高者得，在不違反校規，不使用現金交易的前提下，我們接受麥當勞套餐、雞排、珍奶等等各式各樣的交易條件，而且，絕對不是老師要吃，而是全班每個人手上都要有一份，哪個班的條件最高，誰就能把尤老師給帶回家——學校給的小功或嘉獎，只是寫在紙上的紀錄，比起那種不痛不癢的東西，我們幼保科更重視的是肚子填飽了沒有。

　　這兩年，光靠著買賣尤老師，我們已經吃了兩次很開心的免費雞排加珍奶，這是一個皆大歡喜的「四贏」策略：一者，幼保三的女生可以飽餐一頓、二者，買到尤老師的班級，可以增添一個超級戰力、三者，尤老師本人，除了擔任教練之外，終於能夠不用再當女子組的「吉祥物」，可以下場一起打球；至於第四個好處，則是我贏得滿滿的成就感，為了自己順利操盤的手腕，感到驕傲不已。

一個系列性的班際籃球賽，中間會有很多可供操作的空間，這兩年來，我三番幾次，赤裸裸地在學生面前演示，想讓他們學習的內容早已經跟籃球無關，我想讓他們明白的是，這世界本來就不公平，就像幼保三已經奠定口碑，每個評打整潔、秩序分數的老師，不用親自巡視，光憑印象來打分數，幼保三就已經贏了別人一大半，這對其他班級來說，就是一種不公平，只是我們是既得利益者，不會無聊到拒絕這種優勢。

　　就像體育班的學生，每天浸淫在體能訓練中，各科各班都不可能在短時間內練出可以超越他們的實力，但比賽場上卻沒有特意將他們區分開來，這也是一種不公平，既然世界充滿了不公，那我們為什麼眼睛裡卻只注視著一種在客觀環境下，我們注定了萬難獲得的成就呢？與其在對自己充滿不利的條件下，拚得頭破血流也未必能贏，那何不換個心態，為自己贏得另一種成果呢？

　　一種遊戲規則，有時可以誕生出兩種（或以上）冠軍，一種是檯面上的，一種是檯面下的。檯面上的冠軍，可以贏得榮耀與獎盃，但榮耀與獎盃不能填飽肚子；檯面下的冠軍，只要不犯法，其他的你都可以賺飽飽，你選哪一個？或者，你在一場比賽中，看到了幾種冠軍？聰明人就會在一場比賽中，看到

這兩種冠軍，並留下對自己最有利的那一座（當然，能兼得更好）。

我知道前兩年的示範，其實是挺成功的，因為除了組隊要上場的運動員之外，我們班已經有另外一群人，開始虎視眈眈，準備在積分炒作的遊戲中大展身手，她們的目標不是球賽冠軍，也不是積分兌換的小功或嘉獎，她們在乎的，是尤老師可以賣給誰、以及尤老師價值多少美食的問題。

對此，我感到非常滿意。

規則是人訂的，但規則中所謂的「勝利」，有時不是真正的勝利。聰明人會知道在規則當中，找到更多讓自己獲利的方法，至於那個規則中的勝利，我們本來就贏不到（或很難贏到），所以也不用太放心上。

「那一場聖戰，我們已經打過」，這句話是對失敗者的慰勉之詞，不是我們所該追求的目標。只有失敗者才會以「曾經參與，就是一種光榮」來自我安慰；至於「凡事豈能盡如人意，但求無愧我心」的說法，我也不希望學生完全接受，就算拿不到女籃冠軍，我們也要在種子球員的交易中，為自己掙飽一頓頓的麥當勞或雞排，咱們要無愧的不只是心，還有肚皮，否則可就對不起整潔、秩序的積分了。

今年的班際籃球賽即將開打，我會穿上非常愚蠢的背號 44 號，寫著「阿不拉」[*]三個字的球衣，陪她們一起出席。儘管名次從來都不是我所在乎的，但如果能跟去年的學姊一樣，在教室公布欄掛上一面冠軍錦旗，或許也能讓孩子們更了無遺憾的畢業。

所以我可能需要更周延的思考，看要怎麼干擾其他隊伍的整備或布局，畢竟，游老師我雖然自己不會打籃球，但國文課教那麼久，從古人那兒多少也學到一點老奸手段，想點辦法，弄點奧步，把冠軍留在自家的點子，努力想想應該也還想得到吧？

不要說我心存歹念、教壞小孩，自己的孩子上場比賽，做父母的，誰不會想試著從中「弄」個兩下，讓自己的小孩高興高興呢？就算冠軍錦旗弄不到，至少今年也還有免費的麥當勞，或者再加上披薩、雞排、珍奶，再不然來幾隻烤鴨或烤乳豬，我個人覺得也相當美好。

*

阿不拉：日文的あぶら（abura）是「油」的意思，因此在台灣許多姓游的人會有「阿不拉」的綽號，游老師也獲得了這個綽號。

06

社會不會輕易原諒你，
冷漠更是一種罪；我們
生活在一起，就沒有人
是局外人。

教育不是永遠都在跟你談談或聊聊，愛
也不是無止盡地一直給予，事實上，社
會不會輕易原諒你的過失，哪怕過失只
是無心的。

這裡很重要，但不會考

高三的國文課本中，有一課出自於《史記》的「鴻門宴」。在講解《史記》這本書時，免不了要談到它的內容類別，其中「書」這一項，主要指的是各種制度沿革。班上有學生問我，制度訂了就訂了，怎麼還會有沿革？我說當然有，而且我們班上就有例子。

　　再重申一次，幼保三的生活榮譽競賽，之所以幾乎締造創校以來的最高紀錄，絕不是因為這一班的學生格外愛乾淨，這份殊榮所仰賴的，其實是班導師，也就是──我，本人非常機車的緣故。為了讓他們養成良好的生活習慣，我們班不但有制度，而且制度還會持續沿革，走向愈來愈極端的路數。

　　我記得小時候，台灣剛開始推動環保概念，垃圾都要盡量縮小體積，並且按規定分類。當年四種顏色的外星寶寶分類垃圾桶，雖然這年頭已不復見，但習慣一旦具備，就永遠也不會再失去。任何良好的生活規範，其實都是這樣逐漸被養成的，而在養成之初，我們當然會有陣痛，會有抗拒，會偶爾有想要違背的時候，但只要這股推動你往前的力量不曾消失，在持之以恆的作用下，就能逼著你成為另一個更好的人──而且保證不會退化。

　　所以，打從幼保一的時代，班上就有規定：任何鋁箔包的

飲料包裝，都必須壓扁後才能丟棄，一旦發現違規狀況達兩次以上，即會啟動「禁用垃圾桶」的規定。之所以會給兩次機會，那是因為我們都知道，人們在努力改變自己的壞習慣時，都會需要一點緩衝空間，這個我們稱之為「甜蜜期」。我們班曾被禁用過幾次垃圾桶，到後來，班長親自坐鎮，她懷抱著犧牲小我的心情，自願坐在垃圾桶邊，終於讓大家逐漸步上軌道。

不過班長畢竟也是人，她不是雕像，不可能永遠雙眼直盯垃圾桶，所以當有那麼一天，我發現垃圾不壓扁也不分類的狀況又開始出現，而禁用垃圾桶之後，又有別班學生前來告狀，說我們的孩子不把個人垃圾帶回家，卻亂丟在校園角落甚至是廁所時，所謂的「制度沿革」就開始了。

那天，我很親切地告訴大家，既然各位無法克制自己亂丟垃圾的慾望，繼續亂扔飲料罐，那咱們一來是促進身體健康，二來是避免給別人造成困擾，不如就乾脆全班禁喝含糖飲料吧？

當訓令一下，我看到孩子們面面相覷，跟著哀鴻遍野。

這個學校非常友善的地方，就是我們不但校內有家便利商店，而且到處都有販賣機，各種飲料應有盡有，隨時都能讓大家喝到過癮，結果現在一聲令下，除了早餐的飲料之外，全班禁喝含糖飲品，即使販賣機當前，也只能看卻不能買，當然讓

她們為之崩潰，尤其每天早上八點之前，早餐就要吃完，換句話說，他們從此就算還能偷買飲料，也只能躲在校園的其他角落喝完，絕不能帶回來被我看到。

本來，這項禁令已經有些不人道，而我自己也挺不忍心，但重話既然撂下，全班都得恪守一週時間，對一個愛請學生喝飲料的老師來說，我其實比他們都還難受，好不容易捱到星期五下午，眼看只剩最後兩節，禁令即將解除，我也老早按捺不住，想訂個飲料給學生喝，大家一起慶祝慶祝。

不料就是那麼剛好，當我從別班上完課，剛走下樓來，赫然就看見可達鴨跟另一個同學，鬼鬼祟祟從我旁邊經過，看她們心虛的模樣，我直覺有異，叫她們拿出口袋裡的東西，赫然就是一瓶麥香紅茶。

接下來有幾天時間，我們班獲得許多老師的一致好評，因為那群平常瘋起來就不像人的姑娘們，全都安安靜靜，一點喧嘩聲也沒有，就連下課時間，教室外的走廊上也一片寂靜。有好奇的教職員忍不住探頭，發現全班同學雖然未必坐在座位上，卻沒人踏出教室一步，原來最變態的班規終於被「沿革」出來——偷買飲料被發現者，全班禁止下課三天。

你一定會覺得瘋狂，有些不可置信，在一個高中裡面，居

然還有宛如戒嚴時代的管控方式，會想知道那個老師是不是有病，是不是已經瘋了，但其實我很好，請不用為我擔心，我只是選擇用一種最直接的，會感到有點「痛」的方式，讓這群在快樂中長大，習慣了從心所欲，卻有時會忘了紀律或自我要求的孩子，能在最短時間內，學會珍惜「自由」，並體會「法治」的重要性而已。

教育不是永遠都在跟你談談或聊聊，愛也不是無止盡地一直給予，事實上，社會不會輕易原諒你的過失，哪怕過失只是無心的。

所以當可達鴨哭喪著臉，私下來找我談條件，想用這次月考的前三名成績，來換取全班下課時間禁足的懲罰時，我斷然搖頭，說個人成績，那是個人的事，與全班的紀律問題無關；於是可達鴨又問我，那既然是她們少數人犯錯，是不是可以只罰她們就好，不要波及全班？我當然也清楚，可達鴨是不想觸犯眾怒，所以才想盡量縮小處罰範圍，可是我依然拒絕，只在放學前，告訴全班這個噩耗，但我保留了犯事者的姓名，不讓

大家知道，究竟是誰忍不住星期五的最後兩節課，非得用一瓶麥香紅茶，毀了大家的三天下課時間。

面對大夥的崩潰，我淡淡地告訴他們，偷買飲料的人，只是極少數人，但為什麼全班卻一起受罰呢？那是因為你們習慣自由，也習慣了獨善其身，即使你知道誰在違規，但你不想聲張，你視而不見，你假裝一切沒有發生，面對那些你能力範圍內，應該可以去阻止的錯誤，你選擇了給自己省點麻煩的做法。可是你忘了，你們一起生活，是一個生命共同體，就像未來，你在一個公司部門中，眼睜睜看著同單位的同事，犯下不該犯的錯誤，你竟寧可選擇同歸於盡，也不願插手阻止。

我說，冷漠難道不是一種罪嗎？

那幾天，除了公務、公差或上廁所、跑保健室外，全班的每個人，即使還可以在教室內自由活動，卻也已經了無生趣，人人走起路來，都跟活屍電影沒有兩樣，即使是到專業教室去上劇場課，也得乖乖遵守禁足規定。

那天鐘響，任課老師像在鼓勵小朋友一樣，用歡愉的語氣，叫大家出去外面玩，結果全班沒人起身，全都坐在木地板上，班長哀怨至極地說：「老師，我們班的『下課』被班導沒收了。」

我還記得那時，任課老師跑來找我，用不可置信的表情，

問我究竟是採用了什麼方法，或者發生了什麼事，我竟然能做下這樣的重懲，讓他們彷彿被抽去了三魂七魄，全都乖乖坐在教室裡，哪怕專業教室已經離我日常的走動範圍很遠，他們也不敢稍有違背，連一個偷溜出去放風的人都沒有。

我聳聳肩，用一位很有名的台灣新銳導演的話，來回答那位老師，說：「其實沒什麼，我只是讓他們知道，在這個班級裡，在一群人共同生活的環境中，『沒有人是局外人』，這樣而已。」

在講求柔性勸導、品德教育的風氣下，學校一天到晚都在呼籲大家別亂丟垃圾，如此苦口婆心的做法，效果真的微乎其微，就算要求各班導師盡量宣導，成效也不曾提升多少。

倘若一定要澈底改善這個問題，那不如直接釜底抽薪，才是最有效的方法。所以我常常幻想，要是真有那麼一天，學校撤掉所有的販賣部跟販賣機，逼得大家只能乖乖喝白開水，除了早、午餐跟水果之外，其他什麼食物都不賣，那不是天下就太平了嗎？

不過這當然只是想想而已，我可不想逼反全校學生，在操場或校舍間被大家追打圍毆。

從《史記》當中的「書」，去探討幼保三在班規制度方面的沿革，總歸一句話，大概就是「從有點變態，到非常變態」

的發展史吧？但我想證明的，並非「道」或「魔」到底誰比誰高，或誰能勝誰的尺、丈之分，更多時候，我只是希望孩子們能更深切體會到，〈鴻門宴〉中，樊噲那句「人為刀俎，我為魚肉」的話，到底包含了多少人生在世的無奈；同時也希望他們明白，一個社會的安定與紀律，絕對不會只是立法、執法與觸法者的問題，而是沒有人能置身事外，也沒有人應該置身事外。

　　當然了，如果孩子們能在有點無奈、相當無奈與非常無奈中，還能順便養成良好的生活習慣，那我覺得一切就更完美了。

07

這世上，

有些人不是你説 pk，

就能 pk 的！

大人建構出一個模子，以為這樣就能塑造
出一個又一個符合他們期待的子女，但他
們有時會忘記，子女們其實更想照著自己
的意願，去活出自己的模樣。

這裡很重要，但不會考

開學時，可達鴨的外婆傳了幾張照片來訴苦，透過文字，向我說起她們家中三代、三個女人之間的戰爭。照片呈現的都是瘀青或破皮的畫面，雖然只是小小皮外傷，但外婆在格鬥中落敗，已是不爭的事實。

　　這位年紀大概六旬上下的外婆，她管教子女的手段，向來雷厲風行，就算是跟老師講電話，照樣充滿長輩威嚴，每每都讓我這個鐵血漢子也不得不唯唯諾諾起來，心想，這到底是學生的外婆，還是我的外婆啊？這要換做我是她家小孩，大概也老早離家出走，逃之夭夭了吧？

　　因此她那個渴望自由的女兒，在十幾年前的抗爭未果後，乾脆選擇獨自離家，去追尋屬於年輕人的自由，只是十多年後，這位女兒的女兒——也就是可達鴨本人，卻在母親必須辛勤工作而無暇照管的無奈下，終究不免又落入外婆的鐵血教育中。

　　好了，故事就是從這兒開始的。

　　身為一個立志要善體人意，卻又奉行高度紀律教育的導師，我的立場總在可達鴨與外婆之間擺盪不定——有時我同情可達鴨對自由的渴望，看著她努力拍打翅膀，卻怎麼也飛不出牢籠，只能撞得滿身傷時，我會有意或無意地，「不小心」忘了外婆的叮嚀交代，沒將這小孫女在校的種種表現，按時回報給外婆；

但相反地，有時我也會受不了可達鴨的叛逆與任性，或對這丫頭頂嘴時的驕縱感到不可理喻，那麼鐘擺就又會偏移，我會「忽然想起」外婆的存在，想關心一下她老人家最近好不好……

我猜，以前的可達鴨應該是挺討厭我的吧？因為她永遠搞不清楚，到底老師是不是站在她這邊的，怎麼有時好像在幫她，有時卻又故意扯她後腿？可達鴨不知道，其實老師沒有想站哪一邊，大多數時候，那些管理你生活，甚至掌握你成績的人，他們追求的都只是管理方便，端看你聽不聽話，以及會不會走偏了人生、能否學會合理的做人態度，或應對進退的品格，這樣而已。

過去的前兩年，我就是一條在這對外祖母與孫女之間，不停游移、非常狡詐的兩頭蛇，但正因為這種擺盪兩造的手段，後來總算也在三方之間，達成了某種微妙的平衡關係，有時可達鴨在任性之後，她會忽然冷靜下來，乖乖跟我說句「老師，對不起」，或者外婆會在受了孫女的氣後，就像開學那天一樣，把她格鬥落敗的「戰績」，拍成一張張傳送到我這兒的照片，我合理的相信，她只是來討拍的。

不過當孩子們升上高三之後，對於這種遊戲，我真的也已經厭倦，畢竟周旋在老、中、青三代的女人間，一天到晚聽她們各執一詞彼此控訴，聽久了也會腦神經衰弱。

幸好，最近可達鴨告訴我，她媽媽終於在外覓得新住處，準備帶著女兒搬離外婆家，過著她們母女倆幸福快樂的生活；而且可達鴨自從在速食店打工後，似乎經歷不少人情世故，漸漸也更懂得許多為人處世的道理——雖然，暫時她還無法將這些道理，運用在她跟外婆的相處上，否則也不會有那一場搬家前的 PK 了。

　　我沒有目睹那一場祖母與孫女間拳腳相向的鬥毆，但一個瘦小而略顯歇斯底里的半老女士，跟一個十七歲左右，身體健康的少女之間，她們會怎麼拉扯、揪抓，甚至抓起什麼唾手可得的物件來充當武器……我覺得任誰都可以自行將畫面腦補完全，用不著實況轉播。

　　對於這一役，我有些哭笑不得。在教室外面，只能無奈地告訴可達鴨：基本上呢，老師是不方便介入學生家事的，況且三代之間，妳們幾十年的恩怨，也不是一個外人所能置喙評斷的，身為一個還算理解箇中緣由的導師，我只能跟妳說：這世上，就算再怎麼不爽，也總有些人不是妳說 PK 就能 PK 的，比如外婆。

　　我不知道可達鴨對這句話能理解多少，但我知道從小到大，外婆給了她無數心理壓力，而前兩年老師經常「為虎作倀」，也沒讓她開心過幾天，因此，我拍拍可達鴨的肩膀，笑著告訴

她：「從今以後，咱們就算達成一個共識了，好嗎？幫個忙，別 PK 妳外婆，留她老人家一個不受傷的晚年，至於妳偶爾錯過早自習時間，在外面吃吃早餐的小事，咱們也就不過度計較了，好不好？」

後來，可達鴨很常去吃早餐，我真的一次也沒跟她外婆「聊過天」。再過不久，可達鴨成為本班榮獲全國特優的戲劇劇碼的第一主角，盡心盡力，足堪嘉許，她現在每天都過著開心的日子，前些天我生日前，她忽然對我說：「老師，我們從以前到現在，居然都沒有合照耶，來拍一張好嗎？」

那時我笑著與她合照，但轉念想想也不對，咱們學校按規定是每天都要代收學生手機保管的，她拿著與我合照的那是什麼？我拍完照片後，微笑看她離去時輕快的背影，決定不當一個煞風景的討厭鬼。

距離畢業，終於只剩不到半年的時間，我也沒再接過外婆的電話，她氣勢磅礡、義正嚴詞的表情或語氣，已經逐漸從我記憶中淡去，幾次探聽起老人家的身體狀況，可達鴨說外婆如

今的健康情形並不佳，自顧不暇，已經不太有多餘的氣力，去干涉女兒與孫女的生活。說也奇怪，當距離稍稍拉開之後，可達鴨在聊起外婆時，不再有當年那麼強烈的敵意，語氣中反而多了點同情，甚至偶爾還有些小小感慨。

　　我心想，或許她在逐漸社會化，並與母親相濡以沫生活的過程中，多多少少也體會到一點，外婆在鐵血教育的背後，唯恐子女不成材，怕她們行差踏錯的苦心吧？

　　外婆其實沒錯，外婆跟大多數的家長都一樣，大人建構出一個模子，自以為只要照著模子的形狀，就能塑造出一個又一個符合他們期待的子女，但他們有時會忘記，子女們其實更想照著自己的意願，去活出他們自己的模樣。當兩種方向相反的希望，彼此衝突矛盾，最後難免會演變成家庭革命。

　　高三畢業前，又一次跟可達鴨聊到她外婆，更聊起那次的拳腳衝突事件，我笑著說：「如果有一天，妳又跟外婆吵起來，記得，她再怎樣古板或專制，畢竟還是妳的外婆，在『家庭教育』課本中有提到，外婆屬於直系血親，妳可以回嘴、可以爭執，萬一她真要動手，妳已經成年，也已經長大了，兩條腿夠粗也夠長，可以拔腿就跑，有多遠就逃多遠，就像妳媽媽當年一樣，逃出去，去找真正屬於妳的人生，去活出妳自己想要的模樣，

千萬別再握緊拳頭，把自己的親阿嬤給 PK 掉，好嗎？」

當我說到最後一句時，可達鴨身邊的一群女孩們全都哄堂大笑，連她自己也笑開了，連連點幾次頭。於是我欣慰地起身，相信她已經真正明白這個道理。

可達鴨的故事，有時讓我深為感慨：所謂的家庭教育，每每談及內容，無論是傳統的五倫文化，或現代的家庭經營觀念，大家總認為是老生常談，似乎不不足掛齒，然而到底真正貫徹去做的家庭有多少？在缺乏完整家庭教育的家庭中出身的這些孩子，他們滿腔蘊納的青春期爆發力，又能有什麼正確的管道宣洩？

所以我從來也不認為，那些傳統的教育觀點，會適合套用在可達鴨或其他這類孩子的身上，他們需要的並非教條或訓育規範，有時候，只要一點通融、一點像大人之間的坦然對待，他們就能夠獲得認同感，會覺得自己並不孤單，而事實上，一切真的也就如此簡單——他們需要的，只是一種「世界上還有人站在我身邊，而且是老師站在我這邊」的支撐感，這樣而已。

是呀，我又怎能不站在你們這邊呢？至於那三個女人的戰爭，應該已經結束了吧？我由衷希望是結束了。

08

有一種聰明人，
能在地獄中種出花朵。

尋常人受制於環境，只能任憑命運擺
布，但聰明人卻看透了地獄，能在最荒
漠的土壤中，種出最豐盛的花朵啊！

這裡很重要，但不會考

有一種學生很特別，他們聰明，但不愛讀書；這些孩子的課業成績通常不會太好，卻也往往差不到哪裡去。他們很了解「我考不好，別人也考不好；我要罰寫作業補成績，別人更有寫不完的作業與追不完的成績」的道理，每到成績結算的時候，他們寧可補交一點作業來兌換分數，也要把平常應該讀書的時間，拿去做他們其他更想做的事，比如打工或玩樂。

　　但說真的，這種學生其實也不難對付，因為當這份補分數的作業，攸關期末成績時，他們還是會乖乖將各種遊戲暫放一邊，全心「處理」作業問題。

　　不過久了之後我卻也發現，原來他們處理的方式，竟有別於另外一些成績欠佳，也不太懂得變通，於是只好乖乖親自抄寫作業的學生。

　　這些聰明但投機的傢伙，他們發展出一套公然喊價的市場機制，並流通於各個我任教的班級之間，還將這個本該苦哈哈寫作業的環境，發展成一個可以達到供需平衡的商業市場，最後更營造出一個皆大歡喜的結局——

　　缺成績的學生，他們得到可以兌換分數的作業，有時是抄寫二十遍的〈諫太宗十思疏〉，有時是厚厚一疊〈勸和論〉，也可能是裝訂完成的一整本《勸學》，這些都是可以交差的好

東西；至於那個需要一點依據，才能評定成績的國文老師，也就是我本人，我也拿到可以讓他們換取分數的作業內容。

只是我起初並不曉得，在這個作業與分數的轉換過程中，原來竟潛藏著無比龐大的商機。

俏眼妹就是一個這樣的天才。

某天放學前，我在走廊上遇到俏眼妹，她開口跟我商借兩百元，說想買隱形眼鏡，講好了過兩天就還錢。身為老師，借這種錢實在有點不倫不類，但我勉強還是答應了，只是當掏出鈔票時，我更想知道的是，平常不怎麼有零花用度的她，要怎麼生出錢來還我？

期中考後幾天，我在講台上宣布完大家的分數後，平常人緣普普的俏眼妹，忽然搖身一變，成了班上的風雲人物，甚至連隔壁班的學弟都找上門；再過沒兩天，等風聲傳出去後，連別科的學生也找了來，只見俏眼妹綻開她迷人的笑靨，幾乎來者不拒，在教室外面跟大家都談笑風生。

在這之後不久，差不多就是我收齊各班罰抄的作業時，俏

眼妹輕鬆愉快地來還錢了，而我攤開那些從各科各班收來的作業，卻愈看愈覺得不對勁——不管哪一科、哪一班，無論男生或女生，他們交來的作業中，有近半數都是相同字跡，甚至連作業用紙都彷彿透著一股相同的淡淡香味，而那味道，我常在俏眼妹經過時聞到。

這當然並不符合我的本意，但我也知道，這些已經在我手上煎熬過一、兩年的孩子，無論天資高低，他們都會覺得，打從進高中以來，就沒遇過一次可以用「簡單」或「輕鬆」或「愉快」來形容的國文考試，每回成績公告，不但及格者屈指可數，甚至還有從高一一路當到高三的可憐蟲，可能有很多學生，平常對著我笑嘻嘻，心裡卻巴不得學校趕快幫他們換個仁慈點的國文老師。

我猜得到他們的心情，但他們卻不懂，其實何止他們日子難過，就連掌握生殺大權的我，也每每在改完考卷後都傷透腦筋，千方百計要設法讓孩子們做點什麼，好彌補他們慘不忍睹的成績。有時我讓他們抄寫考卷，有時抄寫課文，又或者也可能多補幾篇作文……各種方式都可能被採用，但我是真的沒有意識到，原本該讓所有人都痛苦萬分的抄寫地獄中，不知不覺地，竟然就萌生出商機來。

我看著俏眼妹，問她給別人抄寫的收費標準，她甜甜笑著告訴我：同班的一遍只要二十元，本科的學長姐或學弟妹則是一遍三十元；至於別科學生，收費固定，童叟無欺，保證貨真價實，肯定一字不漏，而且標線工整、裝訂完成，甚至還附加香水兩滴，一份酌收四十元就好。

　　「這生意是怎麼做大的？妳去發傳單招攬生意嗎？」我忍不住好奇，想知道這究竟是口碑行銷或體驗行銷或什麼病毒式行銷？怎麼「行銷」二字的真諦，竟能如此貫徹在一個高二的小女生的期中考後，真是太驚人了！

　　「我只是愛錢而已。」然後，她給了一句完全不在我的期待中，但卻極其中肯的答案。

　　在說明完收費方式，也將這生意的做法都介紹完畢後，俏眼妹恭恭敬敬地跟我道謝，然後開朗地晃回他們教室去，望著她背影，我有些茫然，不知道她是因為我的機車規定，能讓她小小致富而感謝，還是因為我稱讚她很會做生意而自豪？

　　同樣置身在一個環境中，吃著同一種便當的學生，腦子裡其實具備了千百種各式各樣的不同思想，有些人匍匐在國文老師的淫威下，乖乖苦讀，讀不好也考不好，最後只能認命寫作業來兌換分數；有些人不介意損失一點小錢，順風扯線就找到

門路，輕而易舉也能得到他人代寫的作業，隨便交差了事，先混過眼前這關再說；而俏眼妹顯然具有超越同齡學生的商業頭腦，也更懂得規劃布局，當人人在作業繳收的期限前，還在汲汲營營地想方設法時，她已經好整以暇，等著收割成果，賺進雖然微薄，但已經足夠花用的零用錢。

「能在地獄裡種花，還把花賣得這麼好，這種本領只有天才才能想得到吧？」我在心裡讚嘆不已。

我們的教育制度，往往培育出的，都是很會讀書，卻也只會讀書的學生，特別是家庭經濟環境還在水準以上的孩子，通常師長只會希望他們專注課業，但對於經濟條件較差的學生，比起課業成績，他們更在乎口袋裡有沒有一點零用錢，在這種「壓力」下，各種點子反而多元且豐富起來，甚至還能發展出屬於自己的商業套路。

我曾猶豫過，這樣的操作方式，是否等同於在默許作弊？但轉念又轉念後，又看看這些貌似不在乎課業，卻為了生活或夢想，同樣也在努力的孩子，我便明白了，倘若他們花了小錢來買槍手抄作業，卻賺回更多時間，去做對他們未來更有利的事，而俏眼妹也解決了經濟壓力，並培養她獨立自主的能力，那我還計較什麼呢？

一個學期考三次，她就穩穩賺三次，不但天天都有飲料、零食可以吃喝，就算今天跟老師借兩百元去買隱形眼鏡，過兩天也馬上就能還錢——尋常人受制於環境，只能任憑命運擺布，但聰明人卻看透了地獄，能在最荒漠的土壤中，種出最豐盛的花朵啊！

　　我後來迫不得已，必須開始思考，究竟罰抄作業以換取分數的方式，還有沒有維持下去的意義或必要，特別是當這件事的本意已經蕩然無存，看著那些欠我分數的傢伙，依舊悠哉度日，過著他們的太平日子，只在考試之後，隨便掏點銀子就解決了事的模樣時，我發現自己這麼做的結果，居然只是拿回借給俏眼妹的兩百元，還讓她肥了荷包而已。

　　「看來，不換個方法，恐怕是不行了。」我在校園中踱步，心裡萬分糾結，想著要改變策略，但看著平常生活挺拮据的俏眼妹，又覺得斷她財路似乎有些於心不忍，哎呀，當老師怎麼會當得如此兩難呢？一點辦法也想不出來，難道我的腦袋居然比俏眼妹還笨嗎？

今天下午，又一次月考結束，我無奈地假裝良心並不存在，宣布完這次補成績的罰抄內容後不久，俏眼妹就又跑來，跟我匯報了她目前的最新訂單，她滿心歡喜地跟我道謝時，絲毫沒有察覺老師的心裡其實正在淌血，我無聲地吶喊著：「妳想賺錢可以去打別的工，不要這樣折磨拎老師的內心啊！」

然後又鐘響，然後我又收到好幾份字跡一模一樣的〈出師表〉、〈諫太宗十思疏〉與《勸學》，那時滿天夕陽，彷彿映出的全是我惆悵的心。我由衷地希望俏眼妹這次收完了帳，可以多買幾盒隱形眼鏡來備用，最好這學期暫時都別再從我的考卷中撈錢了，否則我會覺得，她一筆一筆賺去的，除了是別人的銀子之外，還有一點又一點的、屬於國文老師僅存不多的微薄尊嚴——她證明了即使年輕，但只要懂得變通、擁有智慧，就能輕易打敗老派的思想，還順便印證了有法就有破、道雖高一尺，魔卻高一丈的可能性啊！

轉頭，放學前的打掃時間剛剛結束，她開心地一手掃把、一手銀兩，悠哉走過去時又跟我笑吟吟打過招呼，感謝老師無意間竟給了她一個發財良機。那時我已經踱步幾圈，依然無計可施，只能喟然而嘆，承認自己這次真的輸了。

09

你們還是放下課本，
先出去談點小戀愛吧，
好嗎？

真實的人生，絕不是王子與公主一牽手，就忽然情投意合地白頭到老，那許許多多枝微細節的箇中滋味，都只有談過一場戀愛的人，才能真正體會。

這裡很重要，但不會考

在一個男生占大多數的偏鄉小高中裡，出奇地，我任教國文課的幾個班級中，「學霸」卻往往都是女生，而她們無論就讀的是哪一科，恰恰又都共有一個相同的特質，就是都略帶點文藝性格。

　　A科的那位蘇小姐，冷酷中彷彿藏著一顆善於觀察人性，非常纖細靈巧的內心，她寫起字來龍飛鳳舞；B科的那一位，落落大方卻熱愛閱讀，秀氣中又飽含理性思考的特質；C科的這一位，總是輕聲細語，溫柔婉約，從高一起就書不離手，氣質美少女的靈性羨煞多少同班同學，而且無論多少強敵環伺，她的成績永遠名列前茅；除此之外，還有D科的這一位，她立志要成為人民保母，並自封了一個將來要行走文壇的綽號，叫做「警界徐志摩」──而且當然是女版。

　　我何其有幸，能身為她們的國文老師，更在執掌的校刊社中，將這些學霸女孩幾乎都盡皆囊括。常有人取笑，說我們社團太過寒傖，人丁如此單薄，但我只要一將社員名單列擺出來，往往就能讓這些無知小輩乖乖閉嘴，我會志得意滿地再補一句：我們校刊社的這幾個人，智商總合可能已經占了全校學生總智商的二分之一以上，你還有什麼不服氣的嗎？

　　要說起這些學霸，她們分屬於不同的類型，未來的發展自

然也各有路線，但無論對誰，我常常都會給予她們相同的建議，只是這個建議，卻遭到她們不約而同地斷然拒絕。

可是，我其實是很認真的——打從升上高二之後，我便常常對女孩兒們說：放下課本吧，闔上它，外面的世界很大、很精彩、很刺激，妳偶爾也應該離開知識的殿堂，出去體驗真正的人生，拜託一下，去談個小小的、小小的戀愛就好，好嗎？

我會在高二這一年，對她們下達「戀愛令」，其實也是頗有苦衷的，要知道，高一嫩、高二嬌，高三沒人要，她們都已經到了嬌嫩的尾聲了，要是再升上高三，無異就是打入冷宮，根本乏人問津，最青春的高中生活可就從此飲恨，身為她們的老師，看著她們經常在文字中書寫人生，我又豈能眼睜睜看著她們這般留白？

再說，書讀得再好又有何用呢？除了升學之外，她們獲知的一切「情感」，全都來自課本，元稹的「誠知此恨人人有，貧賤夫妻百事哀」，那個「恨」字到底有多恨？蘇軾的「多情應笑我，早生華髮」，他到底笑起來有多苦？這些她們全都一知半解，說穿了也不過就是囫圇吞棗，用一堆知識把腦子塞滿，卻不曉得塞滿了之後要幹嘛而已。

我把我的殷殷企盼，用最誠摯的口吻對她們說：「多少悲

歡離合的真正滋味，其實都不在『悲歡離合』四個字裡，那些大江南北的風光，與其聽兩千年來的古人如何轉述，都比不上妳推開窗戶，親自呼吸一口外頭的空氣，那才叫做真實。」我怕她們沒有明白，還用更白話的方式再翻譯一次，「別管什麼『遣悲懷』了，麻煩妳們去談戀愛吧，好嗎？」

結果——

A 科的女孩兒說：「老師，我很忙，我有很多木工比賽要參加耶！」

B 科的女孩兒說：「比起理想中的大學，老師，你覺得對我而言，愛情會有任何吸引力嗎？」

D 科的女孩兒說：「老師，其實我已經有喜歡的人。」（但她傾慕的是另一個科的科主任啊！）

C 科的女孩兒沒有給我任何答案，她只是微微害羞地淺淡一笑，倒是她男友坐在旁邊瞪了我一眼——這一對超無聊的戀人，從國中時就交往至今，我看他們這樣恩愛，已經看了兩年半。

有時我會想，倘若她們的家長，知道老師居然給了這般建議，可能會集體聯名，投書學校，要告我一個「誤人子弟」的罪名；然而，身為一個既是寫作者，又同時也是國文老師的雙重身分，每每閱讀起這些女孩們所書寫的文章，看到她們想像中的愛情故事，我就壓抑不住內心最真切的想法，想告訴她們，真實的人生，絕不是如此單調、如此純真，更不是王子與公主一牽手，就忽然情投意合地白頭到老，那許許多多枝微細節的箇中滋味，都只有談過一場戀愛的人，才能真正體會──起碼，男主角也會挖鼻孔，女主角偶爾也可能拉肚子。

從沒有愛過一個人的人，用幻想來寫愛，去愛一個幻想中的對象，美則固然美矣，但卻搔不到讀者的癢處，當然，作者本人也永遠無法感受到故事人物的具體心境，就算可以找到一千萬個好理由，讓她們專心致志，去拚取一個未來的好大學，但談起寫作這件事時，我就搖頭苦笑，對她們說：我是說真的啦，妳們還是停止想像吧，先去找個對象來喜歡一下，好嗎？

然後，她們就又重複一次上述那些拒絕我的理由。對此，我也不好多說什麼，只能感嘆，成績好的女生還真麻煩。

兩年多後，女學霸們已經升上高三，少女純真的幻夢，卻絲毫沒有因為課業壓力而淡化，這天社團課中，為了吸引她們

注意，以及增添她們對故事畫面的想像力，我口沫橫飛才勾勒出來的場景是：

「江畔，諸葛亮低頭不語，緩步踏過江水浸濕得都憂傷的碎石灘邊，他雙手負於後，凝眉默默，心中彷彿帶著一種難以言喻的惆悵，羽扇綸巾的優雅間，瀰漫一股淡淡感傷。

「隨在他身後約三五步的距離，公瑾戎裝配劍，同樣垂首無言，本來英俊銳利的眼神中，似乎透出猶豫，像是遲遲無法做出什麼決定，只有那道心疼的目光，望著他前方的那人背影，每當那人踩在碎石上，步履略有不穩，他便忍不住想伸手相扶，但手一抬起，便強忍著衝動，逼著自己又放下。

「如此亦步亦趨著，並與對方在日暮之際，一齊回首岸邊山石上，那落日餘暉下，腥紅醒目的斗大字跡，刻著『赤壁』二字——這是他們畢生中唯一一次攜手合作，共破強敵的地方，也是他們在明著聯手，卻又暗中較勁，而最後終於萌生出對彼此都難以言語的情愫的地方……」

我那時滔滔不絕，把一個充滿 BL 氛圍的虛構畫面說得天花亂墜，就在連自己都掰不下去，差點就要笑場時，竟看見才女們各個如癡如醉，面帶憧憬的微笑，彷彿親身融入一齣古裝腐劇的現場，正在感受三國時代兩大美男的什麼什麼。

「我說真的，世界上沒有這種愛情啦，妳們還是放下課本，出去談個有點『人味』的小戀愛好不好？算我拜託妳們了，可以嗎？」好殘忍地，我恢復原本的聲調，輕易戳破才女們的美好幻夢時，差點就想伸手挖點鼻屎，一一彈出去把她們都砸醒了。

10

每天演十分鐘的好兒子，
天下就會太平。

面對傳統且保守，不知道該怎麼跟晚輩溝通
的老人家，你躲他一天，他就會對你生氣一
天；你躲他一年，他就會對你生氣一年。不
如每天演十分鐘的好兒子，天下就會太平。

這裡很重要，但不會考

我有時會遙想，以前自己還是高中生時，班導師究竟都在幹什麼？但很奇怪，腦海中幾乎沒有他們具體的容貌形象，甚至我連他們說過些什麼，也完全想不起來，不免要納悶，難道當年的班導師，都是空氣般的存在嗎？

　　那個遙遠，但卻純真而美好的年代裡的班導師，唯一的工作，好像就只是在早自習或放學時，到班上來露露臉、說上幾句話，然後就完事了。

　　是當年的老師們很幸運，不用處理學生們的各種怪問題，還是以前我太乖巧，都沒有怪事會發生，所以老師不用注意我，才導致我誤以為班導師就是一種很悠哉的工作呢？

　　當我將這樣的疑問，對我的學生們分享時，有一個跟我挺要好，也對我的故事知之甚詳的小鬼就回話了，她說：「老師，你以前抽菸、打架、翹課，還無照駕駛，你算什麼乖學生啊？」

　　那我就不服氣了，如果我以前是個這樣的問題學生，那為什麼我對班導師照樣沒有印象？

　　「因為他們放棄你了，哈哈哈哈哈……」然後他們就這樣嘲笑我。

　　是呀，師者，所以傳道、授業、解惑也。導師最辛苦的工作，絕不是翻開課本的這件事，而是我們永遠有解決不完的，專屬

於年輕學生的，各種迷茫未知且讓人難以掌握的怪問題。

可是，如果這些問題，全都只是來自於學生，那身為導師，咱們也就認了，畢竟每個月的薪水當中，還包含了一筆導師費嘛，拿人錢財，自然得與人消災，一切也很合情合理，只是，當有些問題卻是來自於家長時，那可就麻煩大了。

事情是從這兒開始的，某天，一如往常，三天兩頭就身體不適的阿達，他按照新生入學之初、班上就約規好的，請家長傳來一封簡訊，上面說明了「某某達身體不舒服，今天請假一日」，那麼我理所當然地，便在點名板上給他註記了一個病假。

來自阿達爸爸的請假訊息，我已經收了一年有餘，根本見怪不怪，反正這小孩平常也老是一副精神不濟的樣子。高二開學不久，我又收到訊息，再看了一眼阿達的空位，全都是一如往常的狀態，不料在病假註記完成後，我的手機忽又響起，自稱阿達爸爸的人，說他已經到了校門口，而且，他說他要找兒子。

套句八流小說的形容，那瞬間我全身一顫，如墮冰窖；用更爛的形容，就是「我的心忽然漏跳了一拍」，心想這下靠北了，連忙跑到校門邊，拿出手機給這位「阿達爸爸」確認，想知道手機螢幕上的「阿達父親」，是否就是我眼前這位身材瘦

弱，看似飽歷風霜的中年男子，而他看完，點點頭，哭笑不得地告訴我，說這確實是阿達的家長無誤，只不過並非「父親」，而是媽媽的號碼才對。

那時我先安了一半心，反正都是阿達的父母，誰傳簡訊不都一樣？結果阿達爸爸又說了，原來阿達自幼深得母親溺愛，早已養成了學業不夠積極，偏又喜愛看動漫或玩電腦遊戲的熬夜習慣，他在家想教訓兒子，卻每每演變成夫妻口角，甚至動輒拉扯推擠，所以他隱忍了一年有餘後，今天終於忍不住，想趁兒子到校，母親無法庇護的情況下，好好「開導」兒子一番。

我在恍然大悟之前，當然也先瞠目結舌了好久，萬萬沒想到憨厚的阿達，居然也有擺我一道的可能，而且這一唬，居然就唬了一年多。我腦海中浮現阿達的模樣，再看看滿臉無奈的阿達父親，忍不住感慨，原來不是只有油嘴滑舌的人，才是會騙人的人啊！真正的行家，其實往往都是那些看似耿介木訥、純樸老實的人才對呢！而更懊惱的是，向來以小說家自詡、應該非常能洞悉人性、運籌帷幄的我，居然也會有陰溝裡翻船的一天！

那瞬間我暗自下了決心，明天阿達到校時，就算不能海扁他一頓，或逼他吞下一千根針，至少也要想辦法給他一點好看。

（不過隔天阿達又沒來，這回是他老爹親自幫兒子請假沒錯，大概是忍不住火大，不顧阿達媽媽的反對，他也要先執行家法吧？）

從那次事件後，阿達爸爸就經常出現在我面前，他有時動機很單純，就只是想數落兒子幾句，那我就帶著阿達出來，坐在一旁「欣賞」他們父子溝通的畫面。老實說，以阿達父親動不動就語氣激切、撂話要兒子早點畢業、早點去賺錢營生的表達方式來看，我真覺得阿達會躲在媽媽的庇護下，不把老爸當一回事，其實也是情有可原的。

我很想跟阿達爸爸說：愛一個孩子的最好方式，不是逼著他在剎那間立刻成熟長大，更不是動輒以生死相逼，就算再怎麼情緒激動、時間緊迫，你永遠都用這種口氣去跟兒子溝通，會有任何效果才怪。

不過這話我說不出口。

我也曾偷偷跟阿達說：年邁又體弱的父親，還必須一力承擔家庭的經濟重任，他有他迫切的期望，只是傳統且保守的老

人家，不知道該怎麼跟晚輩溝通。這樣的父親，你躲他一天，他就會對你生氣一天；你躲他一年，他就會對你生氣一年。應對這樣的長輩，你應該做的，其實只要每天演十分鐘的好兒子，天下就會太平。

不過這話阿達聽不進去。

除了來學校數落兒子之外，大多數時候，阿達爸爸的造訪，其實也不為別的，他只是坐在警衛室的沙發上，時而激動，時而開心，時而無奈，又時而感嘆地，對我說起他的人生與家庭，又或者聊聊工作，再不就講講他對阿達的期許與擔憂，深怕兒子在母親的溺愛之下，以後無法承擔起自己的未來……當我們聊著這些時，我總覺得阿達爸爸的內心深處，好像還有什麼最深最深的話語，但卻欲言又止。

大多數時候，除非有課在身，否則我總是耐心傾聽，想藉由良善的溝通，一起探討出一個能幫助阿達的好方法。不過這當然只是白搭，因為阿達雖然在那次東窗事發後，從此乖乖到校，但我看見他頭頂的機會，卻比看見他五官的時間要多上太多——這小子每天便當沒少吃，覺也沒少睡，成績卻永遠是一個犧牲自己來映襯別人的概念。

於是我乾脆問問阿達爸爸，想知道他對阿達的狀況，有沒

有什麼更好的改善方法，結果，他語重心長地告訴我，說各種治標方式，都無法挽救阿達，使之成為一個開朗而願意乖乖上課的學生，唯一的解決之道，他說：「老師，我看這樣吧，你改天來家庭訪問一下好嗎？」

我心想，家訪的目的，不就是為了瞭解學生家庭環境，也跟家長彼此認識而已嗎？那咱們這段時間以來的促膝長談，搞得兩人好像多年老友一般，我這還不算家訪嗎？

「阿我是覺得吼，你吼，你去開導一下我老婆啦，你只要把她教好，讓她不要再這樣寵兒子吼，事情就解決了，對不對？」他說這話時的表情，給我一種很異樣的感覺，但我也隨即明白，原來這就是他三天兩頭來訪，且有時堅持不要兒子隨侍在側，只跟我單獨晤談的原因，然後我更知道，這個請求，就是他內心深處那句一直想說，但總是說不出口的話。

我忘記那天的晤談，後來是怎麼結束的，只知道當後來阿達爸爸又來訪時，我總是心懷忐忑，就怕他又再次提起這個要求，萬一他又開口了，我該如何回答呢？我該如何回答才好呢？

最近，我有時會看看桌上的幾個玻璃杯。不知為何，阿達爸爸常在來訪時，餽贈予我各式不同的玻璃杯，雖然看來不是什麼貴重物品，但我也沒有蒐集杯子的嗜好，幾次都不能婉拒

後，我也只好都乖乖收下。

望著杯子，我忍不住暗叫慚愧，今年是他將兒子交到我手上的第三年了，雖然阿達已經不再偷天換日，用媽媽的手機幫自己偷偷請假，上課狀況也算稍稍正常，但比起其他人，他的分數跟名次還是慘不忍睹，而我已經知道一切的原因，就是媽媽對兒子過於縱容，但我又能怎麼辦呢？我，我也只是一個身兼班導的國文老師不是？

電話又響，阿達爸爸說大約十五分鐘，他會抵達校門口。今天他想聊什麼呢？會不會又要送一個我連拆封都沒拆，就知道肯定用不到的玻璃杯呢？我走出辦公室前，先去教室晃了一圈，看到阿達早已趴在桌上呼呼大睡，我喟然長嘆，心裡想起阿達爸爸所提出的請求。

達爸，我知道你已經掌握了問題的核心，也明白你對兒子的疼惜與擔憂，更感動於你如此的敬重與仰賴，但，我不是不肯出手相幫，事實上，能做的導師工作，我已經都做了，但有些包青天都幹不成的事，國文老師當然也辦不到啊，您說是不是呢？

11

天底下沒那麼多會誤
你七早八早把自己灌醉
的爛事。

十七歲的孩子，需要的是師長用對等態
度與他們談話，這些正在努力從小猴子
進化為人類的傢伙們，他們有著看似堅
強，但其實挺易碎的玻璃心。

這裡很重要，但不會考

當了幾年導師，我一直沒能明白的是，究竟天底下有什麼困難且無解的問題，要無情地加諸在這些十六七歲的孩子身上，讓他們滿懷痛苦、煎熬不堪，以致於早上六點多出門之後，不願踏進校園，卻跑到學校附近哪個不知名的角落，打開書包，拿出兩手啤酒來一口氣乾掉？

　　老天爺如果想找人麻煩，是不是找錯對象了？

　　我是真的一直以為，會有「兩手啤酒」要乾杯的場合，應該是在慶生之類的愉快場合才對呀，所以我也從來都無法理解，「酒後到校」這條校規的意義與必要性，更不懂到底基於什麼理由，孩子們要在喝完兩手啤酒後，才醺醺然走進校門來領一支大過？

　　所以我曾多方揣測：咱們這兒原住民孩子多，會不會是他們真的天生愛喝酒？但結果是喝醉的漢人小孩比較多；會不會是他們都來自什麼不幸的原生家庭，所以內心悲苦異於常人？結果他們的家庭其實比身為老師的我本人還幸福圓滿——要比青少年時期的慘綠程度，老師這種混過小幫派、喜歡打架鬧事，還差點連高中都念不完的老屁孩故事，如果逐一搬出來，講到你們畢業都還聽不完！於是我只好一次又一次地遠遠看著他們，心裡不停地問，到底你們七早八早是在喝個屁？

依據班規，任何人若有遲到，都必須提早通知，否則最晚九點鐘，老師就會通知家長。那天早晨，可達鴨、白牙跟白萱不約而同地，都依規定傳來訊息，可達鴨說她身體不適要先去看醫生，白牙說她弟弟不舒服也要看醫生，至於白萱最老實，她說她今天心情不好，想先出去走走。

身為一個善體人意的好導師，我告訴可達鴨跟白牙，提醒她們注意自身與家人的健康，當然也對白萱說了，適當讓自己放鬆心情，可以達到調適的效果，雖然上課時間還在校外閒逛，這確實有點不應該，但如果她能早點調整好自己，然後再回學校上課，那也可以提高學習效果，只要注意自身安全就好。

我是這樣告訴她們的：畢竟咱們是幼保科，三年當中，最應該學會的，不就是照顧別人嗎？所以，妳們就去互相照顧一下吧？這雖然沒有學分，但也是一種實習不是？

好了，事情就是從這兒開始的。首先，為求連絡方便而被特許不用繳交手機的班長告訴我，她在 IG 限時動態上看到一座啤酒小山的照片，跟著，她聽到一首很破音的老歌「製造浪漫」，而且這首歌我也聽到了，非常分明地，可以聽到裡面有三個人在合唱；那個身體不適的，可能喝了啤酒就會痊癒，那個陪弟弟去看醫生的，可能弟弟很需要酒精來治療，至於那個心情不

好的，她調適自己的方法，就是製造一點浪漫……

於是我打電話給可達鴨，告訴她酒喝完之後就乖乖回家去吧，別來學校領記過單，再通知那個陪弟弟去看醫生的，叫她看完醫生後，帶喝醉的弟弟回家休息，千萬別在外面亂跑，最後我通知那個很賣力製造浪漫的，請她下次想製造浪漫時，可以在家製造就好，以免在校外發生不測。

這件事到了最後，並沒有任何一個人被記過懲處，因為她們當天果然無一到校，於是也就沒了「酒後到校」的問題，同時，也因為她們後來都傳上照片，證明已經各自到家，因此也沒有另外再通知家長找人的必要。我需要努力去理解的，只是這三個人七早八早，把自己灌醉的理由究竟何在而已。

剛剛說過了，身為一個善解人意的好導師，我們平常就這麼沒大沒小慣了，孩子們就算起初想隱瞞，但最後總會被突破心防，況且我們都知道，小時候最常看到老師擺出那種「不用再騙了，其實我早就什麼都知道了」的表情──其實老師根本屁也不知。

我不得不承認，教育是一種隨時都在實踐「心理學」的行業，所謂的「軟硬兼施」，其實就是一種拿捏學生心理，從而與之鬥智的過程。當然，贏的往往都是老師。

學生不是輸在智力低下，相反地，你透過一次又一次的失敗，慢慢就會鍛鍊出敏銳觀察力，知道老師何時說的是真的，又何時只是在唬你。而你總有一天會長大，大到明白老師的把戲原來從頭到尾，都只有那三五招，當你已經可以會心一笑的時候，就表示該輪到你去教別人了。

於是可達鴨跟白牙俯首認罪，她們根本沒去看什麼醫生，只是陪著心情不好的白萱出去鬼混一天而已，至於苦主白萱，她除了「製造浪漫」這首破歌之外，醉得連一點印象也不剩，至於那個害她喝醉酒的對象，人家還在過自己的太平日子，彷彿一切都沒發生過一般，好端端地在學校上課呢！

就說嘛，世上哪有那麼多殘酷虐人的苦難，會在清晨六點多，無緣無故施加在一個（或好幾個）十七歲的少女身上？大多數時候，她們只是失戀或快失戀了，覺得如果手裡拿著一罐啤酒，感覺會更貼切寫意而已。

而其實我也算欣慰了，因為之前在高一、高二時，阮囊還很羞澀的她們，往往用來灌醉自己的，都還只是從自家裡幹出

來的料理用米酒而已，起碼現在已經進化到金牌台啤了。

再強調一次，身為一個善解人意的導師，我實在不喜歡動不動就跟家長告狀，更多時候，我也明白，十七歲的孩子，需要的是師長用對等態度與他們談話，這些正在努力從小猴子進化為人類的傢伙們，他們有著看似堅強，但其實挺易碎的玻璃心，況且，老師自己也一路走過屁孩青春期。

我深深明白，制式化校規，無論規範得多麼鉅細靡遺，它永遠解決不了學生的各種苦悶，而且嚴格執法的結果，通常也只是適得其反；我更想做的，是讓他們安安靜靜地醒酒後，跟我聊聊鬱悶的原因，然後，無論有沒有能力幫忙解決問題，但至少我已經完整傾聽（所以我知道班上每個小孩的愛情故事），這是一個班導師應盡的基本責任，也是一個「朋友」該有的態度。

所以，一張記過單擺不平的事，咱們不如也調整調整心態，至少，當白萱被下令「再翹課喝酒，就罰每天中午唱一次『製造浪漫』給全班聽」之後，她就很少再有需要出去鬼混的時候了；而另外那兩個很講義氣，但卻說謊唬爛我的傢伙，她們除了應該好好練習合音之外，起碼也盡到了照顧朋友，以免好友遭人撿屍的道義責任，那我還有什麼好苛責她們的呢？至少她們也

算略略完成了我所交代的「實習」任務了呀！

　　天底下沒那麼多會逼你七早八早把自己灌醉的爛事，總有一天你會回首，發現自己當年的熱血青春，還有那些義無反顧的認真，其實都帶著一種令人莞爾的蠢樣，屆時，你也會有相同的感想，而我真的是一個善體人意的好導師，我是這樣認真以為的。

12

要一頭撞上去之前，先看看那是鐵板還是水泥牆吧，好嗎？

雖然人人都有追逐快樂的權利，但這世上永遠都會有人看你不爽，隨時會在某個意想不到的角落中，虎視眈眈地等你出錯，然後一口咬下，讓你後悔不及。

這裡很重要，但不會考

雖然古板，但有時我挺喜歡那種傳統的「學長學弟制」環境，起碼層層管理之下，整體的凝聚力會強大許多，總好過現代教育裡面，這種學長姊不爽學弟妹、學弟妹也沒把學長姊放在眼裡的自由環境。事情就是在這背景底下神展開的。

　　我在放學前檢查過掃地區域，回來時恰好遇見江寶。本想問問這丫頭，為何丟著外掃區域主管的工作不管，居然窩在教室聊天？沒想到她抖著圓滾滾的身材，喜孜孜告訴我，說她做了一件「厲害的事」──打掃時間，她眼睜睜看著一個一年級的學妹，違反不能私藏手機的校規，大搖大擺滑著螢幕，就在本科的走廊上晃悠。

　　也不曉得是哪裡來的正義感，江寶一個箭步上前，斥喝學妹，當場將她手機沒收，然後，一個轉頭就將這個燙手山芋丟給了我。

　　我是三年級的班導，其實管不著一年級的班務，別人家的小孩做錯事，咱們好心點去通知「家長」也就是了，何必插手干預或管教呢？我看著那支沒收來的手機，心裡正無限尷尬，偏偏外頭又傳來叫囂，一個小鬼就在我們教室門口放肆嗆聲，內容不外乎「關你屁事、憑什麼收人家手機、學姊有什麼了不起……」之類，我探頭去瞧，發現那小子也是個一年級的小鬼，

大概是想替同學出氣吧，一副義憤填膺，很想找人單挑的囂張模樣——可惜學姊們沒人理他，都把這學弟當空氣了。

等忙完手頭事，外面也趨於平靜後，我才拿著那支手機，晃到一年級的教室去，先告訴那個被學姊沒收玩具的苦主，這東西將會交給該班導師處理，有沒有任何處罰，我都不會過問，也順便提醒她，「下次要違反校規之前，最好先用腦子想一想，千萬別以為妳只是在做一件妳自己開心的小事而已，留意一下四周，世上永遠都會有些看妳不爽的人，就出現在妳意想不到的角落。」我指指我自己的眼睛，再指指那個小學妹，「他們會盯著妳，很認真、很認真盯著妳，等妳自投羅網。下次偷玩手機時，請務必小心，好嗎？」那小學妹哭喪著臉，只能乖乖點頭。

我嘆口氣，即使很想把手機直接還她，但轉念作罷，這世上的每件事，做錯了都會付出代價，有時候不是老師太機歪或愛計較，與其讓你將來跌得更重或更痛，或許今天我讓你嚐嚐針刺的滋味後，你就能學到教訓，別再輕易犯錯；就算你還忍不住想再犯，也會知道節制，會小心提防那些檢舉達人，不會再肆無忌憚。

然後，我臉孔一轉，擺出一副想揍人的架式，把剛剛那個

吃了熊心豹子膽，竟敢在我地盤上叫囂的小鬼叫出來（反正他們也老早把我認定是「很像流氓的很兇的很機歪的老師」），那個原本站著三七步，一副無所畏懼，幾分鐘前還頗有要單槍匹馬，挑戰全體學姊們的氣勢的少年仔，在三個問題之後溫馴如貓，再也不敢囂張。

第一句，我橫著臉問他：「有本事就在我面前再多嚷兩聲來聽聽看，嚷啊？」他沒有講話，只是搖搖頭。

第二句我問他：「在我面前還敢站這姿勢，是不是很想『輸贏』一下？」他立正站好，露出溫馴乖巧的模樣。

最後我問他：「下次嗆人之前，最好先掂掂自己的份量，你以為自己是在誰的地盤上？」

當那小鬼一臉敗相，落寞地走回教室時，我看著他的背影，忍不住替他慶幸，這孩子如此年輕，就已經體會到社會的殘酷，這說不定也是好事一件，因為今天游老師雖然擺出一副江湖人的架式，但我絕對不會動手扁你，倘若哪天你肆無忌憚，隨便跑到外頭去胡亂撒野，卻可能被人圍毆一頓，打成你媽都不認識的豬頭。

能仗義、能為朋友主持公道，這些都是值得嘉許的行為，但很可惜，那小子今天選錯了邊，他站在犯錯的那一方，同時

也用了錯誤的方式，其結果就是既達不到目的、收不到效果，還反而鬧得灰頭土臉。

年輕時的我們經常以為，只要揮出滿是氣魄的拳頭，一定就能打破各種藩籬，可以擊潰任何對手，但那是熱血少年漫畫當中才會出現的情節，事實上，擋在你面前的，往往都是一堵又一堵堅硬的水泥牆或鐵板，除了把自己撞得頭破血流外，你能學到一點教訓，那都算收穫；最慘的是，下次遇到牆，你還是忘了要先掂掂自己的份量，又照樣一頭往上撞。

放學前的最後一分鐘，將本班收管的手機一一發回時，我提醒這群高三的孩子，在看熱鬧之餘，千萬也別忘了：雖然人人都有追逐快樂的權利，但這世上永遠都會有人看你不爽，隨時會在某個意想不到的角落中，虎視眈眈地等你出錯，然後一口咬下，讓你後悔不及。今天你可以咬人，當然，明天或許就換別人咬你。

說著，我看向那個在幼三當風紀股長，卻管秩序管到幼一去的大姊頭，對她說：「江寶，其實妳今天不也暗藏手機，根本沒交出來，不是嗎？妳最好就再雞婆一點啊，學妹要不要違反校規，到底干妳屁事啊！」

在一群人的哄堂大笑中，放學鐘響，大家紛紛散場之際，

有幾個不湊趣的學生忽然問我,既然知道江寶也沒交手機,那我幹嘛不追究呢?我告訴她們:其一,江寶不是傻瓜,她私藏手機,卻從不囂張炫耀,這就是她之所以平平安安的原因;其二,江寶是幼三的學生,幼三的學生都是我的孩子,我疼愛也包庇我的小孩,這是天經地義的事,誰敢有意見,可以上來「輸贏」一下沒關係。

　　然後她們白我一眼,就都回家去了。

13

這世上
沒有那麼多地方可以逃。

硬著頭皮撞上去，有時也是一種長大的
方式，起碼你會習慣頭破血流；至於很
痛的時候，隨時跟老師說一聲，我會幫
你擦藥，也會幫你解圍。

這裡很重要，但不會考

我是一個信奉「嚴師出高徒」的人，所以對於一切可以歸類於「芝麻蒜皮」的小問題，往往會給他們一個果斷的答案，而且不容置疑。比如學生問我：「有人在午休時間，總是不肯聽話，非得三催四請才願意乖乖趴下。」那我就會直接對全班宣布：「不想睡覺的，就在午休時間，到外掃區去，陪著『掃把』好好聊天，聊到世界末日。」

又或者，總有人會來抱怨，說哪個值日生藉機偷懶，沒把餿水桶洗乾淨，那我就會告訴大家：「不想在學校洗餿水桶，那就帶回家去洗吧，記得，隔天我要拿它當鏡子，它必須閃閃發亮，連一根鬍渣都要照得清清楚楚。」

幼保三的整潔與秩序成績，已經快要可以締造本校的最高紀錄，大抵上都是因為老師脾氣暴躁、處事果斷，然後整個班才在「不想聽老師鬼叫鬼叫」的基礎之上，展開一趟萬不得已，只能雷厲風行的高中旅程。

不過話說回來，當然也不是一切的一切，都能讓老師這麼輕鬆愉快，總有一些什麼，是讓人傷透腦筋，非得花費偌大心力，還得耗上好長時間，才能稍稍改善的麻煩問題。

就拿擔任衛生股長的于小豬來說吧，除了搞不定打掃工作的分配與督導外，她最大的問題莫過於兩個，而這兩個問題都

讓身為班導師的我頭疼不已。其一，是初來乍到這個班上時，好出風頭的她，經常與人齟齬結怨，而這種女生特多的班級就是這樣，她們不喜歡用拳頭解決事情，卻特愛張開嘴巴，舉凡嗆聲、碎語、酸話、嘀咕等等，應有盡有，不應有的也從不缺貨。

剛擔任這個班級的導師時，我有些招架不住，很想跟同事們求救求救，畢竟依照老師當年的經驗，我們老是習慣訴諸武力，但總能在拳腳相向後，很快就盡釋前嫌（反正打輸的人就認輸，打贏的也沒力氣再打下一場，最後大家都只能繼續當好朋友）。

然而現在遇到的，卻是截然不同的局面，也沒人告訴我，到底這些丫頭們的糾紛，應該如何調停才對？結果我放眼一圈，發現根本沒人幫得了我，因為全校就我們班女生最多，而其他女學生較多的班級，人家導師也是女的，完全沒有我這種門外漢的苦惱問題！

所以我有時不得不佩服，身為一個兼職寫作的國文老師，我都還想不出這麼多傷害別人的台詞，而現代社會中，這些十幾歲的小孩們卻信手拈來都是鋒利至極的一刀一槍，哪怕是我們這種半偏鄉的學校都不例外。

原來所謂的「言語霸凌」，真的如此可怕，讓于小豬傷得

體無完膚，有時甚至無須言語，只要一個別人的眼神或小動作，往往就能讓她情緒起伏，陷入可怕的低潮；而更要命的，是這女孩還時有自殘傾向，於是好端端的一個小姑娘，就在手腕上動輒出現幾條想當然爾是割不死人，但看了就極為礙眼的小刀疤，我曾經阻止過她幾次，甚至動輒威脅，但成效也相當有限。

有些人以為那一刀又一刀的輕劃，也許就能將所有不開心的事情都劃掉，但誰都曉得，那是絕不可能的。所有的不開心，要嘛認真化解，要嘛隨時間流逝而淡忘，唯有當你事過境遷後，看著殘存的隱約刀疤痕跡，卻想不起自己為了什麼小事而這樣做時，那個傷痛才算真的已經過去。

那陣子我常常接到于媽媽的電話，聽她聊起女兒在校的一些心情，也透露了有意轉學的想法，媽媽想請老師幫忙設法，排解女兒的心情，最好也可以讓她乖乖待下來。但我能怎麼做呢？身為一個擁有鋼鐵般意志的老師，卻要溫聲柔語去關切一個小女生的心事，這也太違背本人的形象了吧？

後來我輾轉思索，最後只覓得一個極其簡單的辦法，那天

在學校，我不再苦口婆心，也不再諄諄善誘，我只是豪氣萬千地跟于小豬說：「逃吧，如果真那麼想逃的話，妳就放膽去逃吧，反正妳在這世上遇到的一萬種難題，都可以用一招『逃走法』來解決，就像老祖宗們說的，三十六計，『走』總是最上策一樣。」

那時于小豬有點疑惑，不知道為何導師會這樣勸她，而這正是我想看到的表情，於是我接著說：「但逃開了這一萬種難題之後，妳總會遇到第一萬零一種困難，而那個困難是妳逃不掉，終究得硬著頭皮去面對的——既然世界上沒有一個地方，是妳逃躲進去後，就從此無憂無慮的，那妳還要一直想逃嗎？」

說來也挺奇怪，以前明明是千言萬語都勸不動也講不聽的，但從那次之後，于小豬卻彷彿開竅一般，居然真的不再拿刀亂割了。

我在想，或許這就是我們這兒的孩子比較與眾不同的地方吧？他們雖然跟其他的都會小孩一樣，也身處網路時代，但真正從無遠弗屆的網路上，所接收到的正確觀念或知識，畢竟還是很有限，思維模式也一直沒有真正跨出過這個封閉小鎮。所以他們的心思很單純，根本不需要太迂迴曲折的方式，拐彎抹角地去暗示或啟發，只要一招「開門見山」，老師赤裸裸地把

話說開，孩子們就能坦蕩蕩地銘印心中。

換句話說，很多時候，只是大人們自己過多顧忌，才搞得綁手綁腳，但高中生沒有這些心機，他們喜歡聽老師說真心話——哪怕真心話可能不太中聽。

後來的兩年多，于小豬雖然還沒有真正搞定她跟別人相處的問題，但即使那些偶爾在網路上蔓延的匿名互嗆，再怎麼搞得沸沸揚揚，我倒也沒有再聽她說過想轉學的念頭。

最後一次跟她聊這些，是高三上學期，幾群小女生們又為了連我都不想知道的細故而吵架，後來鬧得有點嚴重，于媽媽將那些網路上惡意攻擊的文章都截圖，已經準備提告，而我受託去下最後通牒。

身為一個男老師，我自然沒辦法跟每一個敵方陣營的女孩們都逐一促膝長談，因此我索性延續了之前的方式，把對方老大（當然也是我們班的孩子）找來，儼然一副香港黑幫電影的劇情，我就像個精於世故的警界大老，對那個正掀起滿城風雨的黑道老大（她還化著標準正韓系的粉嫩彩妝呢）說：「照我

看，事情鬧到現在，妳們如果有任何不滿，應該也都發洩夠了吧？反正雙方都有錯，也沒有誰真的占了便宜，所以呢，妳看要不要就在這裡收手？現在喊停的話，我還可以不插手，否則，妳們背後都還有各自的老大（也就是她們的家長），我不介意請他們都過來，大家坐下來再一起談談，或者全都進警局去做做筆錄，釐清一下究竟是誰霸凌誰的責任，好嗎？」

說真的，我在教室外的走廊邊，這樣隨口講講的效果，往往都大於拿出學生手冊，逐一解釋校規給她們聽的成效。或許在某種程度上，孩子們也會覺得，當老師用這口吻跟你講話時，代表的是一種他已經認同你的「江湖地位」吧？

所以不用很久，當最後通牒下達後，不到一天時間，那些原本滿天散布的流言蜚語或攻訐字眼，就自動消弭無蹤，安靜得好像什麼都沒發生過一樣了。

當我順利將那些針對于小豬的輿論都壓制後，我問問那個又一臉敗相的于小豬，問她是不是還想逃，她這次勇敢地搖搖頭，於是我欣慰地告訴她，沒錯，這樣很好，頭破血流固然很痛，但痛完就會成長，反正這世上也沒有那麼多可以逃的地方，硬著頭皮撞上去，有時也是一種長大的方式，起碼你會習慣頭破血流；至於很痛的時候，隨時跟老師說一聲，我會幫你擦藥，

也會幫你解圍。

　　我不知道這樣做，究竟能讓于小豬真正成長多少，畢竟也不是每個人都能活得強悍，但我們都清楚明白，在任何環境裡，所遇到的任何人，都可能今天還是朋友，明天就一言不合，變成了對立的雙方，特別是在年輕人之間，這種小狀況更永遠沒完，所以，逃到哪裡都是一樣的，唯一的改善方式，是學會與人保持適當的禮貌與距離，這樣而已。

　　這兩年多來，我一直試著讓于小豬學會這個道理，不過我看效果大概也挺有限的，因為後來她雖然漸漸少了與人衝突的狀況，但卻開始出現第二個讓我無法果斷為她處理的怪狀況，而那麻煩更加棘手，叫做愛情，而且是一種「慣性失戀」的愛情。

　　這個我們下次再聊，因為身為導師的我，這回也成了當事人之一。

14

放心，在還不懂愛之前，你所有的失戀都不是那麼需要被安慰的。

只要別搞大肚子，別亂拍什麼不雅照在網路上流傳，或者弄出什麼多角關係、介入別人家庭，把老師送上警局去做筆錄之類的，算了，愛怎樣就去怎樣吧，好嗎？

這裡很重要，但不會考

話接上回，關於于小豬的第二個難解的問題，這比起受了同儕間的委屈，究竟要不要夾著尾巴逃走，還要更讓我感到頭痛不已，因為她這回所遭遇的困難，是一種名叫「愛情」的東西。

通常，我是不喜歡介入學生的愛情世界的，相隔幾個世代，他們已經有著我所不能理解，當然也無法認同的愛情觀，跟他們談「愛情」，其實意義等於跟他們聊「安史之亂」，跟老師的愛情觀比起來，福態楊貴妃跟負心漢唐玄宗的愛情故事，他們還比較有點興趣呢。

在我們那個年代，要跟一個自己喜歡的人在一起，往往需要極長一段時間的波折與試煉，最後才有可能終於修成正果——記得，只是「可能」而已。

但這世代的孩子卻不同，他們常常在網路上認識一個還算聊得來幾句的朋友（我說這算是哪門子的朋友，他們還對我白眼），彼此似乎頗能在對方面前（是隔著手機螢幕的那種「面前」）敞開心房，然後某人問某人說：「我們要不要在一起？」某人就回答某人說：「好啊！」

如果這樣就算是一對情侶的誕生，那不是本人自誇，混跡江湖數十年，我認識的女生沒幾千也有幾百，這麼容易就能湊成一對的話，我應該老早就妻妾成群，搞不好還兒孫滿天下了，

但當我這麼自豪時，她們又對我翻了一次白眼。

當一個老師，還要處理學生的愛情問題，這是任教之初，我完全始料未及的。當于小豬第一次哭著說她失戀時，站在一個剛強果敢、臨事不亂的班級領導人的立場，那瞬間我確實有些慌了手腳，既不能像平常哥們那樣豪闊地以一句「喝酒啊！」來解決問題，更不能感同身受去理解她們的愛情觀，在眾目睽睽，等著看老師如何抖包袱的當下，不曉得哪裡來的天才靈光一閃，我拍拍于小豬的肩膀，只說了一句毫無安慰效果，但卻發自肺腑的話，我說：「乖，沒關係，多失戀幾次就習慣了。」

這句話惹來全班的哄堂大笑，但天知道我其實非常認真，一點開玩笑的意思也沒有。這世上有很多事都這樣，頭一回遭遇，你會難過或悲傷好一段時間，因為那些變故超乎你的想像，你從不曾以為世界竟會以如此殘酷的方式崩塌。

但，崩塌之後呢？人類的身體機能，有著自動修復的能力，其實靈魂也有，當時間慢慢經過，當你歷練的事情夠多，當你發現這世界上每天都有一堆爛事在發生，新的爛事不斷堆疊在舊的爛事之上，那些過往的回憶就會逐漸淡去。

慢慢地，你也就會明白，原來當時的悲傷，說穿了其實也不過如此，沒有什麼太大不了的。這不是因為你終於變得冷血，

只是你長大了，而且手邊還有更多更迫切的爛事還忙不完，所以你沒時間傷春悲秋了。

　　第一次這麼跟于小豬說的時候，她幾乎哭笑不得，好像完全沒有半點安慰效果，但無所謂，因為我也沒打算給她什麼真正的安慰，甚至我心裡還有點冷笑，心想這麼點失戀的小事，還有什麼安慰的必要呢？況且高中不過短短三年，我總不會那麼倒楣，三天兩頭就遇到她又失戀吧？

　　但人算不如天算，事情的發展就是如此巧妙，才過一陣子，正當我逐漸忘記于小豬上次失戀的事不久，忽有一天，她就在幾個好友的陪伴下，再次哭哭啼啼出現在我面前……從此以後，類似的畫面層出不窮，直到最後，終於我也麻木不仁了，面對這些小女生的眼淚，我從一開始的小小慌亂，轉而變得淡定，最後根本就無感了。

　　當高三時，于小豬又一次哭著說失戀，我居然幸災樂禍得很，笑著說：「哭屁啊，一年換廿四個男友，妳早該習慣了啊，不過就是失戀而已，有什麼大不了的？」笑著說完，我很悠哉轉身就走開了。

　　可能你會覺得這老師太過無情，居然半點溫暖也不給，但我必須解釋的是，當兩三年來，你三天兩頭看到同一個人的失

戀眼淚，是正常人也都會看到麻木，況且她那些連見面都沒見過的對象，又算是哪門子的「男友」？

所以我告訴于小豬，也告訴很多孩子的是：如果你始終沒有真正搞懂，究竟什麼才是真正的愛情，那這種「失戀」，你也就不用太放心上了，習慣它就好。可問題是，當人習慣失戀之後，那以後該怎麼辦呢？我試著解釋給他們聽，在老師依然年輕的那個遙遠的時代，我們是這樣看待愛情的：首先，我們會搞清楚「欣賞」、「喜歡」跟「愛」的差別，所謂的「欣賞」，就只是看順眼，心裡不感到排斥，如此而已，而這就是你們在面對異性時，最常有的感覺。

更進一步，我們才會感到「喜歡」，當人們開始有喜歡的感覺，就會想把那東西或那個人占為己有，不想讓別人來分一杯羹；直到最後，我們才會明白「愛」是什麼，那天看著于小豬天真爛漫，還眼角泛著餘淚的傻呼呼模樣，老師以一副過來人的姿態告訴她：「『愛』，就是當那個人選擇離開時，我們還會願意祝福。」

我這麼假掰地說完之後，他們「ㄘㄟˊ」了一聲，轉身就走光光了。

從此以後，世界沒有任何改變，這些小女孩們，依然會對路邊一些露出刺青、染了頭髮，還騎著改裝的大B或勁戰，在馬路上呼嘯而過的屁孩們心動不已，完全沒有人記得我這老屁股曾經如何開導過她們，唯一有一點點改變的，也就是于小豬而已，但她改變的地方，不是那個原本會在網路上亂喜歡別人的個性，而是在被我嘲笑慣性失戀時，會反嗆回來，說雖然一年換幾十個男友，但這三年來她可沒有換過老公，說著這傻丫頭就會朝我撲上來……

　　別鬧了，我是誰？我是剛正嚴明、果斷強悍的游老師啊！當一隻圓嘟嘟的無尾熊撲上來時，我只會把她甩開，讓她繞一圈之後再撞上牆而已。

　　慣性失戀不是什麼好事，選一個沒人跟妳搶的老屁股來叫老公，當然更不是什麼好事，我非常仰賴于小豬統領全班，將掃地區域打點得一塵不染的好本領，但絕對不想成為她屢屢失戀之餘，那暫時的、偶爾的、其實一點認真的意思也沒有的老公（就算是認真的我也不要）！

　　我不知道人類的愛情觀，怎麼會淪落得膚淺至此，尤其當

我在畢業旅行的遊覽車上，看著一群姑娘們打開手機，開始對網路彼端的陌生男孩們搔首弄姿，聊著不著邊際的傻話題，並伺機從茫茫人海中，再挑出下一個男友時，我寧可看看車窗外的風景，或乾脆閉上眼睛養養神，心想：只要別搞大肚子，別亂拍什麼不雅照在網路上流傳，或者弄出什麼多角關係、介入別人家庭，把老師送上警局去做筆錄之類的，算了，愛怎樣就去怎樣吧，好嗎？

「老師，你看這個帥不帥？」我才剛閉上眼睛，于小豬伸長手臂，遞過手機要給我看一個男生的照片，而我那句「真正的愛，是經過真正的認識與相處後才……」的話還沒講完，她翻個白眼已經又繼續物色下一個小鮮肉去了。

於是我苦笑，就任隨她去吧，反正她遲早都會再失戀的，而我不會太擔心，也不會太在意，也只會跟她說：「放心，在還不懂愛之前，妳所有的失戀都不是那麼需要被安慰的。」

15

同溫層會給你溫暖，
但不會給你勇氣。

> 如果你是一個比別人更缺「機會」的人，你就更不應該提早放棄，讓自己現在就出局。出身環境如何，那是背景，不是宿命。

這裡很重要，但不會考

即使我們都知道，一個班導師，必須對全班同學都一視同仁，不能有所偏私，但事實上大家也曉得，這根本是不可能做到的事，就算你不刻意去排擠某些不得你意的學生，你也必定會跟某幾個學生特別要好，這原因很簡單，因為老師畢竟也是人，如此而已。

　　我會盡量告訴自己要公正客觀，三不五時在心裡默默背誦一下魏徵〈諫太宗十思疏〉的「恩所加，則思無因喜以謬賞；罰所及，則思無因怒而濫刑」這幾句，不過就算你念茲在茲到這種程度，只要還有呼吸，只要還有人性，當然偶爾還是會出現一些小小的差別待遇。

　　我一直小心留意這問題，因此也少有賞罰不公的問題，對這種可能不經意而出現的差別待遇，幾年來只有一個人提出質疑，而且還是哭著質疑，嚴正抗議。她是很不美咩的美咩，「美咩」是她家人給取的小名，這個一頭短髮、黑黑壯壯，看起來完全就是小男生模樣的傢伙，經常跟我打打鬧鬧。

　　幼保科走廊上常見的幾個畫面，除了一群別科的男生們，按捺不住青春期的如火熱情，跑來談談小戀愛，或本科的女孩們，永遠不會停止的排隊沖煮泡麵外，就是我壓著這傢伙在地上扭打的樣子。

打從高一開始，這個曾得過全國田徑賽第二名，也練過幾年跆拳道的小傢伙，就非常深得我心。原因之一，是她是班上第一個會在期中考前，來拜託老師幫忙複習功課的學生；其二則是我們第一次校慶園遊會時，她是唯一一個犧牲假日，前來幫忙搬貨布置的孩子。

　　雖然成績不怎麼樣，上課也沒有多認真，經常一節國文課可以先睡三十分鐘，但她人緣極好，算是極受歡迎的人物之一，但也不能因此小覷了她的「實力背景」──同樣是高一園遊會那天，校內有人找她麻煩，美咩一通電話，居然撂來二十幾個少年仔，一副打算進校內尋仇的態勢，眼看著場面就要失控，最後我還得親自出去招呼一輪，好不容易才哄走了這群凶神惡煞後，我掐著美咩的脖子，拳頭「盧」著她腦袋跟她說：「他Ⅹ的我都還沒死，妳就給我找一堆人來胡鬧，是不是活得不耐煩了？」

　　這傢伙被我整得哀哀叫，完全不像幾分鐘前要撂人滋事的模樣。後來她說那天她學到的教訓就是：有事先找老師，老師搞不定了，再找兄弟就好。我說我他Ⅹ的最好是這樣教妳的。

　　打從政府取消了早自習制度起，孩子們在出家門後，就有了更多的自由時間，他們往往在早餐店或便利商店流連忘返，有時吃得久了，會連第一節課都耽誤，這其實造成了很多老師

的困擾，更造成學校在管理方面，難以管控的漏洞，不過這是大環境的問題，咱們先略過不表。我能做的就是提醒孩子們，第一節課是八點開始，早餐你愛從幾點開始吃都可以，總之，八點前必須走進教室，這樣就好。

每個人當然都知道，規定從來也只是規定，會把規定放心上的人，當然就不會有在外面吃早餐吃過頭的狀況；不把規定放眼裡的人，他們則經常把早餐吃成午餐，至於有些「偶爾會想違規一下」的人，則端看心情來決定吃掉一盤蛋餅的時間長度。

大致上來說，我對孩子想成為哪一種類型的人，其實並不介意，只要他們願意在遲到時先傳個訊息來通知，確認平安無事即可，對我而言，我阻止不了學生想悠哉吃頓早餐的念頭，但至少可以在一封訊息的要求中，提醒他們一個人與人之間的基本禮儀，叫做「尊重」。那封訊息尊重意義有兩層：他們既尊重了自己的學生身分，也尊重了我這個在學校裡，看著空蕩蕩的座位，卻不知道學生還在哪兒鬼混，正滿心焦急的班導師。

但有那麼一天，當幾個學生又姍姍來遲時，我卻忽然生氣

了，這群平常就慣性遲到的傢伙，心裡一定一頭霧水，不曉得老師今天為什麼會格外生氣。到了下課時間，跟著大家一起吃了早餐，也一起被罵的美咩，忽然跑來找我，她憤怒難平，眼角含淚，很激動地問我，為什麼別人去吃早餐，吃到超過八點就可以，為什麼今天有她就不行？美咩是個非常敏感的小孩，她感覺到了，當早上我在罵人時，其實眼光都盯著她。

於是我告訴她，這世上每個人都可以選擇過自己想要的生活，如果一個人，是發自內心地，想讓自己擺爛的話，那別說是父母了，即使是神仙想救，祂也救不回來，更何況我還只是一個老師而已？所以我能救一個是一個，對於要選擇墮落的孩子，也只能擋一個是一個，我生氣地對美咩說：「別人要怎樣，那是別人家的事，我管不動也勸不了，如果妳家底夠厚，本錢夠粗，妳就可以把人生放在早餐之後，否則，這世上有很多事情，他們可以做，但妳就是不行！」

這幾句重話，讓她震懾不已，原本激動的情緒也平復下來。美咩其實是個懂事的孩子，家中領有低收入戶證明的她，平時經濟本就拮据，靠著原住民的各項補助，才能勉強維持至今，甚至連未來的發展，美咩都以能有穩定收入的志願役為第一優先。

我告訴美咩：「每個人都在選擇自己的方向，誰也不能勉

強，有些人，我只能要求他們做到『尊重』，既尊重身上的制服，也尊重還在等他們平安到校的老師，僅此而已；但如果妳是一個比別人更缺『機會』的人，妳就更不應該提早放棄，讓自己現在就出局。出身環境如何，那是背景，不是宿命，要不要守著原則、要不要堅持到底，仰賴的不是別人訂下的規範，而是看妳自己怎麼選擇。」

對這些原住民孩子，我有時會提醒，儘管外界對他們依舊存在著一些小小的歧視，但換個角度想，這也正是他們非往前進不可的理由，待在一個只能彼此慰藉取暖的同溫層裡，人們會習慣彼此的淪落，更會失去突破重圍的力量。

就像這群一起因為早餐而遲到的孩子，我們誰都明白，他們真正的遲到原因，跟早餐沒有多大關係，之所以晚來，其實是因為在早餐店聊天聊過了頭，他們不是不知道時間已晚，但反正一群人都對學習缺乏興趣或動機，來學校也無趣，所以不如多享受一下早餐時光也好。在那張餐桌上，今天沒有人提議要讀書，明天沒有人主張要用功，到了後天，原本還有一點心思在課業上的你，也就選擇繼續聊天，失去想多讀點書的動力了。

我搖頭嘆氣，跟美咩說，在社會上要找彼此安慰的同伴不

難，但安慰之後，還能一起攜手往前衝的夥伴卻很少。大多數我們看到的，只是相偕一起淪落的案例而已，同溫層會給你溫暖，但不會給你勇氣或力量，只有你知道自己還有救，你才能救自己。說完，我問她要選擇什麼，是當一個還有救的人，願意伸出手來，握住我們伸出去想拉一把的手，還是她要把自己埋沒進去？美咩沒有回答，但她已經不哭也不生氣了。

　　我不擅長說些溫言鼓勵的內容，而這群眼看著就要畢業，即將感受到更多社會冷眼的孩子，他們也沒有太多時間可以聽我慢慢講，所以與其拐彎繞圈，讓他們逐漸領略一些什麼，我更急著揮舞鞭子，讓他們知道在充滿競爭的世界裡，其實更多的是殘酷與壓力，而我所給予的打擊，比起將來他們行走江湖所會遇到的，不過小巫大巫而已。如果他們能在這時就覺悟，那未來或許還有一點能跟別人較量高下的抗壓性，否則，即使回到山上去種水果，老天爺也不會讓他們年年豐收賺大錢的。

　　我慶幸的是，從此以後，除非校車拋錨或放鴿子，美咩幾乎不再因為吃早餐而遲到，當高三即將報名統測時，為了一筆千餘元的報名費，她不想造成家裡負擔而有意放棄，我因此去了一趟她家，對高媽媽說這筆錢如果有困難，老師可以幫忙繳費都沒有關係，這孩子，我要她去考試，要讓她成為更有出息

的人。那天，高媽媽點頭答應，說無論如何都要讓孩子完成學業，而所幸一紙低收入證明剛好派上用場，可以免費應試。

不過有時我也煩惱，會懷疑自己當年那幾句重話，是不是給了美咩太大壓力，以至於高三畢業前，她都已經高燒不退，卻還是堅持要到學校參加模擬考，結果才考到中午，就被我給轟回家去了——害得我晚上十點多，在睡前還得透過手機網路，再告訴她一個更重要的老掉牙道理：好好養病，保住健康，留得青山在，才不怕沒柴燒。

那天美咩又被我壓在地上扭打，她說再過一陣子就要畢業，到時候可就沒人陪我這樣練拳腳，她問我會不會想她想到哭，我說等妳將來出人頭地，回來看我這老屁股的時候，我再為妳掉眼淚就好，至於現在，我拳頭又在她頭上用力「盧」，她痛到滿地亂滾，大喊投降，眼淚、口水都流出來了。

每個路過的人，都以為這對師生之間有什麼深仇大恨，連校長走過去也忍不住側目，但唯有我們師徒二人知道，就算全班三十幾個學生，都可以算是我的小孩，可唯獨就這一個，我疼愛的方式比較特別。

16

我們對人才的評斷標準
是：除了讀書之外，你還
會什麼？

大多數時候，我們的立志或決心，往往
都只是用來安慰自我，讓自己在那當下
好過一點而已，但安慰之後，通常都看
不出什麼真正的改變。

這裡很重要，但不會考

我自己沒當過轉學生，有時也不太能理解轉學生的想法，究竟為什麼要轉學？轉學時除了眼睛看得見的那些手續或資料外，看不見的呢？心理的調適又該怎麼做呢？其實我都不是很了解。所以當前幾個學期，班上陸續出現一些轉學生時，我總顯得格外好奇，也擔心她們會不會出現不適應的狀況。

　　後來我發現，轉學生好像容易自成一格，她們會跟同為轉學生的一群人湊在一起，即使以前互不相識，甚至也不是同一個學期轉來的，但就是容易湊成一掛，而且最特別的是，她們成績還都特別好！我猜這是因為她們已經在外頭繞了一圈，知道外面的競爭壓力有多大，又怕追趕不上幼保科的進度，所以才格外認真的緣故吧？

　　本來學生愛讀書，確實也是好事一件，至少可以讓老師放心，不過後來我卻發現，問題居然也就出現在太認真讀書的這回事上。就拿兔子來說吧，她高二時轉來，隨即攻占本班成績排行榜的前三名，從此就是資優生的常勝軍之一；但除了很會讀書之外，有一回，她好奇地把玩著老師正在閒做的手作材料，想知道那極其簡單的紙捲該怎麼捲，而在我示範了一次又一次，她卻失敗了一次又一次後，我拿著一支看似平凡無奇，卻兩端粗細平均、纏捲得緊密紮實，敲在頭上都還有點痛的細細紙捲，

哭笑不得地問她：「徐兔子呀，妳除了讓自己成為一個『很會讀書的人』之外，妳到底還會幹嘛呀？」

看著兔子滿臉錯愕，我跟她解釋，因為導師本人小時候，就是個非常不愛念書的學生，除了乖乖上課之外，一切為非作歹的壞事都可以列入專長清單，因此我完全不能明白，到底很會讀書，卻也只會讀書的小孩，究竟腦子裡面都裝些什麼？看著那支被她捲爛，已經宣告完全沒救的破紙捲，我說：「妳看，我幼稚園時就會捲的東西，妳到高二了還在手殘。」兔子那時語塞，她完全答不上來。

事實上也不只是她，當我在家政課中，帶著孩子一起從事這項手作時，連一張紙都捲不好的阿傻們也不少。她們拿起手機，降妖伏魔、打怪奪寶的本領，可謂巾幗不讓鬚眉，但偏偏就是敗在一張尋常破紙上，惹來老師的盡情嘲笑。

剛轉來本班不久的兔子，她的手藝本領也不佳，紙捲得特別爛，而除了這個，她對很多班級或科上活動也不感興趣，每次有任何公差或活動人員的招募，兔子跟那幾個功課好的學生，向來都縮在最後，一副巴不得自己會隱身的樣子，這讓我覺得還挺頭痛的，就怕他們讀書讀到最後，真的把自己讀成了書呆子。我看著這些孩子，發現他們往往只活在自己的小世界裡，

而那個世界裡，我好像很少看到課本以外的東西。

　　於是我告訴她，其實老師也沒別的意思，只是覺得這世界很大，對十七八歲的孩子來說，一切都還很新鮮，既然期中考還遠著，而課本又不會長腳跑掉，你們幹嘛整天翻書呢？把課本丟一邊去，出去做點更有趣的事情吧？在課本以外的地方，還有更多活生生的悲歡離合，還有天地間的氣象萬千，但那些都是你放下課本之後，才會看見的風景。我甚至舉了一個例子告訴她，岳陽樓很壯觀，但那是古人的風景，咱們大溪也有一座觀音亭，比起遙遠的古樓，妳更應該去看看觀音亭才對。妳去過觀音亭嗎？沒去過對不對？那妳一直讀〈岳陽樓記〉幹嘛？

　　從那天起，兔子真的許下一個心願，她說要讓自己活得更多采多姿，不過才隔半個月不到吧，當她加入戲劇活動的道具組，又那麼剛好道具組捅了簍子，一群人列隊捱罵，我罵完人後，又問兔子：「這就是妳所謂的走出課本嗎？那看來也沒有什麼進步嘛？」

　　我說，人們平常張開嘴巴來說些立志的話，這再簡單也不

過，但想要確實做到，而且做得漂亮，卻偏偏難上加難，大多數時候，我們的立志或決心，往往都只是用來安慰自我，讓自己在那當下好過一點而已，但安慰之後，通常都看不出什麼真正的改變。

很有決心去改變的人，不用時刻自我提醒，就能在瞬間切換人生觀，證明自己已經改變；不太有決心去改變的人，會常常提醒自我，好隨時鞭策自己去進行改變；但很沒決心改變的人，則在立志之後，繼續過他們原本的日子，等待下次呼喊「改變」的時刻到來。

「再一次，妳好好想想，除了讀書之外，妳找到什麼自己拿手的事情沒有？」我瞪著她問。

這回她努力想了又想，想了又想之後，反問我：「老師，每次五月天辦演唱會，我都搶得到門票，這算不算專長？」

那時我啞然失笑，不知道這算什麼專長，但隨著時間慢慢過去，連我也幾次加入搶票行列，卻經常鎩羽而歸，被列入「豬隊友」的級別後，我才終於明白，原來「很會買五月天門票」，竟然真的也可以算是一種特長，只是除此之外，她還是光會讀書，這樣而已。

「把那東西收起來，這三天，我不要再看見它們。」時間

來到一年多後，在畢業旅行的第二晚，當我們幾位老師共同執行安全檢查，來到兔子跟她的學霸朋友們合住的房間時，我本來就興致缺缺，這些人，與其說相信她們的人格，不如說我根本就否定她們能做壞事的能力，果不其然，隨便瀏覽了一番，什麼違禁品都沒發現，反倒是兔子打開她的行李箱，我還看到裡面有幾本總複習的課本。

「老師，等一下你安檢結束後，可以來我們房間一下嗎？」兔子很認真地問我，「畢業旅行一回去就馬上期末考了，你可以來幫我們複習一下《家政概論》跟《家庭教育》嗎？」

在畢業旅行的行李箱裡夾藏課本，還叫老師在安檢結束後，過去幫忙複習？我哭笑不得，等忙完一輪後，我真的去了她們那個房間，但我只告訴兔子，在學校裡，成績固然很重要，但當有一天，你離開校園後，才會真正發現，我們對人才的評斷標準是：除了讀書之外，你還會什麼？說完，我拍拍屁股就想走，根本不理會她們已經準備好的課本。關門前，我再重申一次，愛讀書當然是好事，重視成績更是非常棒的觀念與態度，但現在我們在畢業旅行，我們在畢業旅行！畢旅的晚上叫我去上課？鬼才想理妳們。

17

雖然初戀往往沒有好下場，但逐夢的路都是先跨出第一步才開始的。

告白並不是在向誰索求愛情的施捨，我們只是在提供一個「機會」給對方；也不全然是為了求取一個相愛的結果，有時我們只是在告訴對方「其實我對你挺有興趣的」而已。

這裡很重要，但不會考

我們學校的老師，男女比例大約各半，其中不乏單身人士，不過可能因為地方封閉，大家平常又忙，似乎少有男女之間的發展。任職幾年，絕少聽聞什麼愛情故事，倒是幾位比較炙手可熱的老師，常常受到學生的歡迎與討論，甚至還有青睞與仰慕的。

當然，這些受歡迎的人物當中，不會有講話機歪、個性靠北而且長相也很普通的游老師，這一點我倒是頗有自知之明。

在搶手名單當中，有一位得票數最高的大尾老師，雖然教的是體育，但他的形象卻與名字恰恰相反，不但身形瘦削，溫文儒雅，而且平常即使不苟言笑，卻也總能呈現出一種恰到好處的憂鬱感，正是年輕女孩會喜歡的類型，此外，聽說大尾老師唱歌時，還頗有蘇打綠青峰的柔美感。

大尾老師所到之處，向來很能吸引女同學的目光，有些更有勇氣的，則在稍遠處輕輕呼喊他的名字，希望這微薄的呼喊聲，能引惹起大尾老師的回眸一眼，那就足以撫慰她們在青春期中，這種天真而又青澀的易碎玻璃心了。

不過，據我所知，大尾老師從來沒有為了任何一個女學生而回頭，人家他早已心有所屬，而且專情得很，對於這種丫頭們的小小心思，他好像也沒有放在心上過。

我起初還以為，在我手下的這一班，應該沒有人也被大尾老師所吸引，按理講，她們就算不愛我，但總也不至於去喜歡別的老師吧？沒想到，後來就有某一天，當我在教室裡打開手機，想搜尋一下辦公室的無線網路時，卻意外發現了一個免費wifi，名稱寫的居然是「大尾老師的女人」，那瞬間我就爆炸了，而且是爆炸性地狂笑，因為她們告訴我，那個熱情至此的笨丫頭，原來是早就面紅過耳，正抱著自己的臉，早已羞得無地自容的蔡阿傻。

　　說起蔡阿傻同學，其實我也只能無奈搖三個頭。打從高一至今，要說對她最大的稱讚，就是她永遠都能精準掌握教官或老師的動向，一天抽上幾根菸，兩三年來居然一次也沒被逮過，教室裡進行安全檢查，她也永遠不會讓你搜出任何違禁物，但偏偏身上卻老是帶著菸味，我說咱們說句掏心窩子的話，說了也不會有懲處，來，老實講，妳有沒有抽菸？然後她就會點點頭，說：「有，而且剛剛才抽完。」

　　蔡阿傻其實一點都不傻，除了會找抽菸地點與時機外，她的成績向來優異，雖然不到可以跟轉學生軍團相比肩的地步，但也絕對是本土派的佼佼者，只是非常可惜地，她沒有升學的打算，而即使在幼保科畢業，她也不打算走這一行，問她既然

如此，幹嘛不去讀別的科，她說因為這是最輕鬆的學科。

　　我對蔡阿傻這個學生，向來都有一種莫可奈何的心情，但也不得不佩服，有些人天生懂得如何遊走在規範與自由的邊緣，既能盡情地做自己，又知道保護自己，一條別人很容易絆倒的臨界線，他們卻能夠游刃有餘。我常想，這種本領或許也不全然是天生的，而是人在諸多規則的世界中，不停探索與嘗試，最後才琢磨出來這樣的本領。

　　只是，我多麼希望蔡阿傻把這套本領，用在更有意義的地方，如果能這樣的話，那該有多好？

　　我實在有點難想像，這樣一個蔡阿傻，有朝一日居然會以「大尾老師的女人」自居，尤其當我在眾目睽睽下喊問時，那個差點沒找個洞鑽進去躲藏的人，居然會是她。

　　身處二十一世紀，非常自由與開放的年代，我對學生們要不要去喜歡誰的問題，採取的是比較放任的態度，一來，大家都知道這種情感只是小女生的本能，她們其實鬧不出亂子；二來，是蔡阿傻再半年就要畢業，就算大尾老師願意接受她，他

們也可以等半年後再慢慢公開，屆時就沒有「師生戀」的爭議；三來，也是我最放心的一點，就是我相信大尾老師的眼光，偌大一個校園中，無處不是他的仰慕者，大尾老師就算閉著眼睛海撈一把，應該也不會撈到我們班的蔡阿傻。

對於小女生喜歡男老師的問題，固然在道德方面並不允許，然而人對愛情的追求，卻從來也不受這些外在因素的規範，因此，我通常給學生，或給任何人的建議都是一樣的，請你們務必記得一個非常重要的道理：「告白」，並不是在向誰索求愛情的施捨，我們只是在提供一個「機會」給對方；告白也不全然是為了求取一個相愛的結果，有時，我們只是在告訴對方「其實我對你挺有興趣的」，如此而已。至於告白之後，你也可以直接轉身回家就好，不用在乎對方的下一步如何反應。

所以，對於這一樁勢必要無疾而終的小小單戀故事，我壓根兒就是抱著看熱鬧的心態，甚至偶爾還幫腔起哄一下，當我說畢業旅行的兩個晚上，我會開放大尾老師的房門號碼，提供夜襲機會時，蔡阿傻簡直開心得要飛上天。

不過，這些當然都只是說說而已，事實上，喜歡大尾老師的兩年多來，蔡阿傻一次也沒有真正行動過什麼，她所扮演的，就是那個當大尾老師走過去時，便躲在角落竊竊地吱吱傻笑的

角色而已。

　　除了看熱鬧之外，其實我曾告訴過她幾次，愛情是沒有來由，也很難論對錯的，尤其處在一個人生即將跨越轉折的高中畢業前夕，如果真的有喜歡的人，那就更應該勇敢表現出來，即使我們都知道初戀往往沒有好下場，而且她的目標又是高不可攀的大尾老師，但與其帶著遺憾畢業，這輩子可能再也無法相見，終其一生都無法將自己的心意表達清楚，那何不乾乾脆脆地賭一把，就算最後難免要被打槍，但至少已經讓對方明白，搞不好大尾老師的眼睛被蛤蠣糊到，又或者豬油蒙了心，說不定真的就答應半年後跟妳交往不是？

　　我說得極其懇切，但也憋笑憋得辛苦，蔡阿傻聽是聽了，想也想了，不過自然沒有付諸行動的勇氣，直到此刻，她還是躲在校園角落，偶爾抽抽菸，偶爾偷看一下大尾老師身影的小孬孬一枚。

　　這一則鋪展不開來的愛情故事，就像一爐燒不開的水，我跟全班同學一起，熱烈地敲了兩年邊鼓，卻一齣好戲也沒看到，直到畢業旅行結束，眼看著高三上學期都過去，終於在結業式那天，最新的消息傳來，原來大尾老師已經修成正果，人家不但良緣已結，而且還緊接著要放婚假去了，當我忍著哭笑不得

的表情，將這消息透露給蔡阿傻時，她臉上有著我說不上來究竟是失落或難過的神情，可是我嘆口氣告訴她，本來呢，秦失其鹿，就是一個任憑天下共逐的概念。

「別忘了，大尾老師還是教體育的，這隻『鹿』本來就很會跑、很難追。」我說，「拚死去追，都未必追得到了，更何況妳是坐在這裡，等著這隻鹿自己撞上門來？下次如果妳又遇見了一個對的人，管他什麼別人的眼光，只要不犯法，妳就把握機會，趕緊出手，一個優質的對象，不會永遠在那兒等妳告白，愛情就像夢想一樣，夢想不會站在那裡發呆等妳，逐夢的路，都是妳跨出去第一步後才開始的。當然，尤其是愛情這種事，對方更不會因為妳在 wifi 上取名叫某某某的女人，就感動得想娶妳，好嗎？」

說完，我也不想管蔡阿傻到底聽懂了沒有，倒是聞到她身上似乎又有菸味，好吧，失戀的人最大，我也就假裝自己今天鼻塞了。

18

大學文憑不代表什麼，
可是很多人都有。

人有時會為了重要的人，選擇捨棄自己的部分人生，
並將那些所失去的，寄託在對方的身上。但你所犧牲
的，是否能夠等值地在他人身上實現？萬一出現了落
差，那因此而產生的失望、痛苦，又將由誰來承擔呢？

這裡很重要，但不會考

我們後來相信，即使已經到了二十一世紀的新時代，依舊有人帶著古老的純真靈魂在活著，那些電視上播出的穿越劇，只怕是其來有自，而且真實存在於我們身邊。

　　當小老師很貼心地說要幫我按摩肩膀，又傳訊息關心問候，說「老師您這幾天看起來很累，心情好像也不是很好，是不是上班很辛苦，又或者心裡有什麼不愉快的苦惱呢？」的時候，我腦海中浮現的畫面，小老師穿的不再是學校制服，也不再是平常傻憨憨的模樣，彷彿搖身一變，成為哪個朝代的大戶院裡，平時深鎖閨閣中，頗曉詩書，又善體人意的大家閨秀，正在問她朝政繁忙或公務纏身的老爺說：「爹，您老人家要多善保玉體，切莫過度操勞了，如果有女兒可以代勞之事，您也儘管開口，女兒雖然足不出戶，卻也多讀聖賢之書，總有能為您分憂解勞之處的……」想到這裡，我本來還沒那麼累的，卻瞬間就更想打卡下班回家，甚至明天乾脆再請個假算了。

　　小老師當然名字不叫小老師，但她是很多任課老師所深深信賴的小老師，不但要負責收管各科作業、習作，還要幫忙導師事務，舉凡各種收錢、收單據、收週記都有她，而且她還身兼副衛生、輔導、代理總務等股長職，我個人認為，真正會累到心情不好，可能需要關心問候的人，理論上應該是她才對吧？

每個班級導師，都會希望自己班上，能有幾個這樣的學生，而我何其有幸，除了小老師之外，她還有一個從國中時就要好的朋友，現在也在我班上。她們具備相同的特長，還能相輔相成，成為我極為重要的得力助手。

　　曾有一個這樣的說法，說人生在世，有三種朋友一定不能缺，其一是能幫你關照身體健康的醫護朋友；其二是資訊時代裡，需要能幫你修理電腦的專業朋友；其三是能提供給法律知識諮詢的法界朋友。

　　但我們只是一般人，想要三種朋友都具備，這實在有點難，不過那也無妨，就算以上三種朋友你都缺，那起碼像小老師這樣的好友，你一定需要一個。有一種人，他們天生就愛管別人的事，還管得比自己的事情更起勁，但這種人沒有惡意，他只是秉持著善心與體貼，喜歡幫助別人而已。我們不惡意利用他人的善良，但如果這位好心人，可以時時提醒你一切該注意的事，甚至還能糾正你錯誤，或直接幫你在犯錯後擦屁股⋯⋯

　　成就一世英名，與化身一灘爛泥，其中的差別，除了你自己的努力之外，有時還看你是否幸運，身邊有沒有一個能推著、扶著或揹著你往走的朋友？這也是很重要的原因。

　　小老師不但要為許多老師分憂解勞，同時也是大家最信賴

的對象，任何心裡鬱悶的事情都可以找她商量，得到她的關懷與撫慰，當我遇到哪個有難解心事的小孩時，往往第一個負責替我去了解狀況的，就是這位大家的小老師。

不過我們都知道，世界上沒有誰是真正完美的，即使是這位幾乎毫無瑕疵的小老師也是一樣，畢業旅行的第一天晚上，跟她同寢的于小豬就問我有沒有芳香劑之類的東西，我問她做什麼用，她捏著鼻子跟我說，小老師的腳臭死了。

好吧，重點也許也不在腳臭的問題上。向來品學兼優，成績可以跟轉學生軍團分庭抗禮的小老師，原本好端端地一直保持到高二，卻因為一次家庭變故，澈底改變了她的大學夢。

當時，小老師的母親因病過世後，因為家境壓力，她決定放棄升學，轉而投向職場，即使許多師長們不約而同都告訴她，有這麼好的成績，斷然放棄學業未免可惜，且這年頭的各所大學都處在競爭激烈的環境，提供給學生的諸般優惠極多，最不濟的情況下，也能申請就學貸款。

但小老師用一個理由來說服自己，也企圖說服我，她說左

右不過是張文憑，那又能代表什麼呢？出了社會之後，只要肯努力、肯用心鍛鍊，終究也會有出人頭地的一天。

對於這個理由，我點了點頭，說：「文憑固然只是一張紙，但有時卻會造成關鍵的影響，打個比方說，妳、于小豬、加分（她就是跟小老師一起長大的那個閨密）、蔡阿傻四個人，妳們在工作上的用心程度相當，工作表現也一樣優異，甚至連上司給妳們的考績評分也相同，但很可惜，這次升職的名額卻只有一個，而就是那麼剛好，妳們四人當中，只有于小豬有大學文憑。請問，我該把這個機會給誰呢？」

聽完後，小老師默然無言。我知道她其實還是存有夢想的，也知道她放棄大學的機會，是下了多大決心，並承受了多少自己給的壓力；小老師還有一個剛上高中的弟弟，成績也非常出色，待在另一個我任教國文的班級中。我曾跟那小男孩聊過，也提醒過他，千萬記得要連姊姊的份一起努力，不要辜負了家人的犧牲與期待。

人有時會為了家人或重要的人，選擇捨棄自己的部分人生，並將那些所失去的，寄託在對方的身上。這種情操固然值得感動與欽佩，但那真的是最好的做法嗎？你所犧牲的，是否能夠等值地在他人身上實現？萬一出現了落差，那因此而產生的失

望、痛苦，又將由誰來承擔呢？

所以每當我看著小老師，或在與她的弟弟閒談時，總免不了感慨造化，讓一對原本都能在升學路上有好發展的姊弟，硬生生的只能擇一，而這種無力感，才是最煎熬的。

小老師是個善良的女孩，一如她平常充滿「古早味」的貼心，即使暫時擱置了夢想，她依然是個懂得關懷別人的人，她問我，這樣把所有的寄託，都放在家中唯一的弟弟身上，會不會反而給弟弟帶來更大壓力？我笑著要她放心，小老師的弟弟還算個堅強的小孩，可以不用擔憂這一點。

「但妳別忘了，人要活在有夢想的世界裡，才會有繼續往前進的動力。等將來有一天，當妳經濟寬裕了，要把大學唸完。」我只能說著這樣冠冕堂皇的話，心裡默默祈禱，希望如果有一天，她面臨到我舉例的那個狀況時，不會成為因缺乏學歷，而遭到淘汰的失敗者。

在這個並不是特別重視升學績效的小高中，學生們往往缺乏對於大學的各種了解，儘管他們在這所充滿各項課外才藝或多元表現的高中校園中，已經非常多采多姿，然而當偶爾與學生閒談時，還是深深為他們感到憂心，文憑不能象徵一個人的人品或能力，但起碼意謂著你已經跨過一道門檻，站在更高的

基礎點上。它或許不能幫助你拿到更優渥的起薪，卻可能在日後升遷或加薪的時候，成為你老闆的考量點之一，除非，你打算一輩子都從事低階工作，不準備追求更好的未來。否則，那張幾乎已經人人都有的薄紙，你最好也拿到一張。

　　我是這麼鼓勵孩子們的，而我慶幸班上還有六七個經常角逐成績名次的小學霸們，除了他們之外，也有大半孩子報名參加統測，至少給了自己一個考考看的機會。我希望小老師除了動不動就想幫老師按摩肩膀，或關懷老師有沒有心事之外，再多留點時間給她自己，起碼可以翻翻課本，繼續為了未完成的夢想做準備，那就是會讓老師最欣慰的事了；至於腳臭的問題，老師可以送她幾雙排汗機能襪，這個沒有問題的。

19

人生其實沒有很多次機會，可以容許你不停地「再看看」。

對於某些人而言，非得親身經歷過後，才能記取教訓，並慢慢導正自己的方向。只是，在他們盲目闖蕩的過程中，可能浪費的生命、鑄成的錯誤，以及消耗的社會成本，這些都難以估算。

這裡很重要，但不會考

當我決定要來談談老簡的時候，心裡其實是不情願的，因為這貨真價實就是一個反面教材，身為老師卻沒能把學生教好，已經是汗顏至極的一種挫敗，現在還要將這個案例公諸於世，那簡直就是莫大煎熬。

　　關於老簡，要從高一說起，這孩子對學校不怎麼感興趣，出席率並不是挺好。但家住學校附近的她，倒是挺常在放學時間，騎著機車四處閒晃，被其他老師們遇到。

　　高一下學期，本班一口氣祭出五支大過，送給幾個酒後到校的學生。我常告訴他們，第一，天底下沒有那麼多殘酷的事情，會逼著幾個十六七歲的小孩，在一大清早就非得借酒澆愁不可；其次，如果實在按捺不住好或壞心情，非得喝上幾杯的話，那不妨在喝完之後，乾脆一點就回家去睡覺吧，等睡醒了，酒也退了再來就好，否則校規在前，何必傻呼呼地撞上來白領一支大過呢？

　　我必須要為許多老師澄清的是，其實我們沒有很愛給學生記過，一來是在義務教育的體制下，記過單已經不像當年具有退學的威嚇性，二來是記過單所能產生的反省或檢討效果，對很多學生來說，其實也不明顯，要真那麼有效，游老師我本人當年也不會任由它快速累積到「留校察看」，卻還渾然無所覺

了不是？三來，也是最重要的，是小過或警告很容易消除，但大過的紀錄卻會永遠留著，當學生在將來的某一天，因升學或工作的需要，得交出一張歷年成績單時，上面還會記載著他的獎懲情形——我們誰都不想讓孩子的人生路，因為「大過」兩個字而徒增變數。

然而，別人記大過的前車之鑑猶在，老簡卻還是這麼幹了，而且卯足了勁，頭破血流也在所不惜，直接撞上了這道校規大牆。那一撞，不但撞得驚天動地，而且更讓她一撞成名，從此老簡不再只是我們班的老簡，她是全校的老簡。

那天我被找到學務處去，將這個已經醉醺醺的丫頭給拎回辦公室，準備通知家長來將人領回，然而老簡情緒激動，不停嚷嚷著其實連我也聽不懂的醉話，一群老師們圍著她，就怕這個已經失去理智的孩子，會再做出什麼驚人之舉。我花了偌大工夫，才在她一把眼淚又一把鼻涕的狼狽中，從她哽咽與叫嚷的雜亂裡，稍微聽出了一點她苦悶的端倪。

老簡說她哪裡也不去，既不要進教室，更不想回家，與其一直過著痛不欲生的日子，還不如直接死了更乾脆點。我們幾個老師面面相覷，不曉得她到底苦在哪裡；她又說自己在這世上已經無處可去，到哪裡都被人瞧不起，人生簡直烏黑到了極點！

我想這孩子或許需要一點抒發吧，也就認真聽她哭訴，最後老簡才說了：在家，她因為成績不好，所以被父母給瞧扁，認為這是個廢柴女兒；在學校，她因為出席率差，跟同學相處困難，大家也瞧不起她；在校外的交遊圈中，她更連一部自己的機車都沒有，所以當然也被人排擠。

　　我搔搔頭，想起這孩子曾有過的不少偏差想法，她在高一入學之初，就因為大喇喇在上衣口袋放了包菸，被校方記上一支小過，那時她理直氣壯問我：「憑什麼你們這些老師就可以抽菸，我就不行？」

　　我那時忍著哭笑不得的心情，用很嚴肅的語氣告訴她：第一，中華民國法律規定，未滿十八歲禁止吸煙；第二，就算已滿十八歲，本校校規規定，學生還是禁止吸煙。記得那時我看著她，是這麼說的：「這世上有很多規則，有些合理，有些不合理，無論妳滿意與否，在沒有能力打破它之前，妳就只能遵守；當未來有一天，妳在體制中爬到一個夠高的位置，可以改變這些規則時，再去設法改變就好。至於現在，妳乖乖繼續往上爬，別想太多。」

　　我固然知道，年輕人理當屬於抗爭的世代，要用最勇敢的態度，去衝撞各種體制的牢籠，但這是屬於革命家才會有的台

詞，而我只是一個老師，我不能叫我的學生不顧一切往前衝，特別是在連我也不曉得，究竟滿頭鮮血的付出，將能換到什麼果實的時候。所以比起激烈抗爭，我更寧可他們在一條安全的路上，採取比較溫和的方式，去改變這個他們所不滿意的世界。

那時這樣的回答就能解決老簡的問題，但這回可不成了，尤其當她早已爛醉時，我說什麼也無法讓她釋懷，只能等她家長到校，將孩子帶回家「自行處理」。

那次大醉，老簡又拿到記過單，不過一張紙上所記載的事由與懲處內容，果然沒讓她上心或學乖，後來陸陸續續地，老簡還有過一些脫序行為，有時她自己付出代價，有時全班陪著一起受罰。

當她把護理老師氣哭，還自鳴得意地在教室中跳舞炫耀時，一班數十人竟無一出來制止，人人都落得一個「冷眼旁觀」的罪名，陪著面壁站了十分鐘、當她私自溜到汽修科大樓去抽菸，惹得那邊男生們的眾怒時，我們為她制定了「非該科學生，禁止進入汽修大樓」的老簡條款……種種不止一端，但這些措施，

卻完全無損於老簡的活躍人生，當她經常缺課，而我聯繫家長時，老簡的家人告訴我，說這孩子跑到山上的餐廳、民宿去打工了。

我本以為社會的小歷練，終將讓她明白校園生活的美好，也許下回揹著書包到校的，可能會是一個嶄新的老簡，不料後來聽說的，竟是她每賺了點小錢，就廣邀朋友，開懷暢飲一番，甚至還贏得了一個「酒后」的威名。

因為無力改善老簡的狀況，讓她回到學校安穩讀書，我其實是感到沮喪的，卻同時也萌生出一種想法：或許一般的教育方式，並不能適用於所有同年齡層的孩子，大多數我們對學生的耳提面命，除了一部分是出自於教育工作上的必要之外，更多時候，都是師長們的經驗談分享，那些我們走過的岔路或歪路，不想重現在孩子身上。

但是對於某些人而言，他們需要的不是來自他人的說法，而是非得親身經歷過後，才能記取教訓，並慢慢導正自己的方向。只是，在他們盲目闖蕩的過程中，可能浪費的生命、鑄成的錯誤，以及消耗的社會成本，這些都難以估算。

以老簡而言，她的家庭很完整，父母俱在，都在山上果園工作，平日她歸兄嫂與姊姊照看。當初剛入學時，老簡還有將

家長的勸誡放在心上，只要老師這邊一起配合，管理起來還不是難事，但隨著父母與子女長期分隔，久而久之，親情上的羈絆愈薄弱，到了最後，她也就完全自主，非得什麼都去嘗試嘗試、順著自己的意念而為，變成誰也難以奈何的齊天大聖了。

在青少年的教育中，父母的存在其實是極為重要的，當家長都無法震懾住一個孩子的脫序時，其他手足或親戚，乃至於學校老師，無論這些人怎麼幫忙，那基本上都是成效免談的。但問題是，父母又怎麼有可能隨時在側，看管著子女呢？而即使他們都陪在孩子身邊，卻也不是每個家長都能掌握孩子的心理或行蹤，有時是互動不良，有些是親子之間的想法落差過大，更有些，則是根本就欠缺溝通。

身為一個老師，我們很難直接去教育家長，別人家如何管教子女，老師是不能也不該過度干預的，但有時我會提醒孩子，即使你的父母有很多問題，他們可能思想老舊、觀念落伍、封閉保守、專制強勢，或者情緒容易波動又愛遷怒，還經常惱羞成怒找麻煩，但至少絕大多數的父母，出發點都還是基於對子女的關心，他們只是在「希望你成為一個更好的人」的這件事情上，用錯了方法而已，而你並不需要用拋棄或忽略他們的方式，來表達你的抗議。

我有點後悔，當年沒有順便提醒老簡，讓她真正明白：齊天大聖的「絕對自由」，並不是建立在祂無法無天的神通之上，而是因為整座花果山上只有猴子，且祂是最大也最厲害的那隻，所以才能接受猴群的膜拜；當有一天離開花果山，就會知道自己連被佛祖多看兩正眼的資格都沒有。

　　一路混到高三上學期，老簡終於還是跟大家掰掰了，即使幾個學期以來，我跟科主任三番兩次作保，去學務處幫她說情，最終還是因為缺課過半，被判了一個半路出局的下場。

　　最後一次見到老簡，是姊姊陪她回來，核算這兩年半的學分，結果發現以她的成績，只能從一年級再重新讀起。那時姊姊心中盤算這龐大的學費應該如何支付，面色困難，但老簡卻一派輕鬆，我問她還要不要再一次，把書給讀好，老簡聳個肩，挺無所謂地回答我：「再看看啦。」

　　老簡那時的神態，讓我覺得她好像還不知道，自己已經走到了該離開花果山的那一刻，沒有學校的保護傘之後，她就會成為一個社會人，而社會就像一座五指山，不會讓齊天大聖有那麼多「再看看」的機會。

「人生其實沒有很多次機會，可以讓你一直『再看看』的。有些東西，一旦錯過就不會再重來。」那天，他們離去前，我很想這麼跟老簡說。儘管不是每個人都適合讀書升學，但學校除了一紙文憑可以當你的收穫，在待人接物、為人處事的很多觀念薰陶中，也會起一定的作用與幫助。這些話，我想我是再沒機會跟老簡說了。

她那句「再看看」，讓我由衷感到悲傷，既為了她若再重讀，將失去義務教育的學費補助款優惠，必須繳納大筆學費而悲哀，更為她已經浪費掉的兩年多時光而悲哀——這些，連著被酒精所傷害的健康身體一起，都不會再重來。

當我看著點名單上，她的名字已經被系統清除，座號也讓其他同學遞補填上後，感覺有些恍然，原來一個人竟能這麼輕而易舉地消失，彷彿從不曾存在過一樣。我覺得自己似乎也被上了一課，只希望老簡能順利地在校園外的世界中，找到真正屬於她的定位，而不是三天兩頭，用辛苦賺來的微薄薪水，買些酒來把自己跟朋友灌醉；如果可以，最好是這位齊天大聖，能永遠待在花果山上，別遇見五指山，這樣就好。至於我，我是那個發現自己救不了全世界的無奈小老師，我不是佛，幫不了所遇見的芸芸眾生，況且，佛也只渡有緣人。

20

愛情無罪，但目目有罪 ——
關於背叛姊妹這種事。

喜歡上你朋友的愛人，那或許還不
算該死的罪過，但在朋友失戀的那
天，和朋友告解，就很該死。

這裡很重要，但不會考

身為一個高中班導師，又兼以愛情故事為主要寫作路線（曾經啦）的作者的身分，當學生們遇到她們的感情困擾時，我常不得已地，非得拿自己寫過或經歷過的故事出來給大家做做參考，並試著開導或勸慰，雖然，面對學生的感情事，更多時候其實我都在看笑話或講風涼話。

青蛙這幾天缺課了，我覺得納悶，因為按理來說，她並不是事件的當事人才對。起初，是我拿畢業製作的總召一職，想去問問江寶的意願，剛好江寶也請假，同學們就告訴我，說統籌畢製的工作當然非江寶莫屬，只是可能得給她幾天時間，等她「緩緩」，那時我半開玩笑，問說該不會是失戀了吧？不料大家居然點點頭。

於是隔一天，青蛙她們幾個人就跟著「知會」了我，說要陪姐妹「散心」一下。站在支持同儕互助的立場，我也默許了要給兩節課時間，結果接近中午時，當事人江寶乖乖到校，本來去陪伴閨密的青蛙卻反而沒來，只用電話哭著說她心情很差，想提早回家。

我那時納悶不已，眼看江寶也愁眉苦臉，一問才知道，原來江寶在跟這位「前男友」還如膠似漆時，她的好友青蛙，就跟「前男友」因為相談甚歡，也結拜成了好兄妹。

一聽到這兒，我就先皺了眉頭。走跳過青春歲月的每個人都知道：「乾哥」與「乾妹」，通常都代表著某一程度的曖昧，而且出亂子的機率，遠比刮刮樂出現「銘謝惠顧」的頻率還高出許多。

　　江寶接著告訴我，就在她失戀當天，一群好友陪她舉杯哀悼失去的愛情時，主角還沒醉，酒量很差、自己就先茫了的青蛙竟忽然哭了，她說自己心裡有點愧疚，在這當下實在憋不住了，所以要跟女主角「告解」一下。

　　原來，早在人家尚未分手前，青蛙不但站在「乾妹」的位置上，常常跟那位「乾哥」視訊聊天，甚至彼此還有點小曖昧……這件事讓她覺得自己似乎背叛了姐妹間的友情，更讓她於心不安，所以才在酒精催化下，壓抑不住地自己招認了出來。

　　我聽完故事後，問問眼前這群女孩，我問的不是什麼枝微末節的小劇情，我只想知道：青蛙腦子是不是「ㄎㄧㄤ」掉了，要告解的機會多的是，她好死不死，挑在人家失戀的當下，還承認自己跟姐妹的「前男友」搞過曖昧，這腦子如果不是裝饅頭，那大概就是根本沒腦吧？

老師我呢，高中時也喜歡過一個女生，但那女生家教甚嚴，平常根本不能跟我講電話，所以我只能天天打給她的好閨密，請閨密隔天再到學校去幫我傳遞消息。如此過了兩個月後，我這位初戀女友對我提出分手，而我在沮喪之餘，又找她的閨密訴苦，結果一訴就訴了幾個月，訴到最後，我反而跟那位閨密談起戀愛，而且還在一起了好幾年。

　　一則老師二十年前的舊情史，跟一樁發生在眼前的愛情公案，儘管劇情略有不同，但某些意思上卻彼此相通。江寶她們問我，想知道當年那對閨密，有沒有因為一個男生而反目？而我搖頭，說她們當初不但沒翻臉，至今還是幾十年不變的好交情。原因無他，只是這兩段愛情之間，並非無縫接軌，中間還間隔了幾個月，彼此並不扞格，於是也就不會給人家造成太大的隔閡或負擔。

　　把這故事告訴她們，我想說的是，本來人與人之間的感情，就很容易從朋友（或結拜兄弟姐妹）的角度上出發，開始走偏，然後發展出令人意想不到的劇情，站在情感本無邏輯的立場，誰想怎樣愛誰，那都是情有可原的。

　　當你控制不了感情時，那就告白吧，可以！當你曖昧的對象，很不幸居然是你死黨的愛人時，這個可能有點不太 ok，但

勉強還是可以！當你發現自己愛錯了，想要跟死黨坦承一切，準備犧牲愛情，來換回友情時……我跟她們說：「有腦子的人都知道：告解，不要挑在你死黨失戀的那一天，因為愛情本身無罪，但白目就有罪，而且罪大惡極。」

後來幾天，班上瀰漫著令人窒息的低氣壓，誰也不敢說說笑笑，就怕驚擾了情緒本來就已經很不穩定的江寶，怕又橫生什麼不必要的衝突，而青蛙則採取避不見面的態度，在外頭流連了兩天都沒到校，要不是眼看畢業在即，且青蛙的家長也不是容易打發的對象，只怕她還要繼續龜縮下去，甚至搞不好會中斷高中學業。

所幸，我用開學之初，各項資料必須按時繳交，否則將通知家長的屁理由，成功把她給誆來學校；而更慶幸的是，江寶畢竟是個重情重義，在乎閨密遠勝前男友的理智女孩。

那天下午的週會時間，我騰出了自己辦公室的座位，留她們一夥四人，在這兒促膝長談了兩個小時，最後終於皆大歡喜，她們四個人開開心心，又回到教室去聊天說地，順便一起講講那個前男友的壞話，而我則暗自慶幸，慶幸她們沒有鬧出什麼亂子，然後坐在辦公室裡，寫完這段文字。

寫完的時候剛好下課，她們彷彿什麼事情都沒發生過，正

要攜手去做打掃工作，我看著青蛙的背影，希望她可以明白這個道理——喜歡上你朋友的愛人，那或許還不算該死的罪過，但如果你跟朋友告解的那天，居然剛好也是你朋友失戀的當天，那你畢業前最好還是乖乖吃齋念佛就好，別再給我惹麻煩了。

21

你不見得會永遠屬於誰，當然，別人也沒必要非得永遠只屬於你。

「為愛守護」固然是非常難能可貴的一種情操，但守護的對象，卻必須得是那個能為你而感動、知道要珍惜你的真心的人，否則，你還不如去守護一隻廟門口的石獅子算了。

這裡很重要，但不會考

貢丸妹的綽號是我取的，那年她剪了一個奇怪的短髮造型，搭配圓臉跟短腿，以及瘦小單薄的身板，儼然就是一根筷子插著貢丸的模樣，這個綽號頗獲好評，她居然也欣然接受。

　　從新生起，貢丸妹就顯得相當活潑，看似也沒有需要老師特別擔心或照顧的地方，但到了高二時，我才發現代誌其實大條得很，尤其是在她處理人際關係的態度上。

　　寫慣小說，故事中各式各樣的人都有，我們本已司空見慣，但寫作的好處，是作者愛怎樣就怎樣，只要一個念頭，就能讓罪大惡極的反派，在一個刻意製造的轉折之下，從此大澈大悟，洗心革面，也可以讓一個觀念偏差的極端人物，在一些事件的影響下，從此扭轉回正常的人生觀，但這些都只是小說，現實可沒那麼簡單。

　　貢丸妹在班上的人緣時好時壞，一切端看她那張嘴管不管得住。遇到她不順眼的事情或對象，這十幾歲的丫頭，嘴巴從來沒有饒過半點便宜，而無論小女生們怎麼合作或對立、敵友之間如何變來變去，貢丸妹跟她的「僕人」金魚，基本上總是不離不棄。我個人也是挺佩服金魚的，居然有人願意當三年的配角而樂此不疲，這確實是很了不起的奉獻精神，值得以「犧牲自己，照亮別人」八個字來褒揚。

不過我們這兒聊的是她的主人，所以金魚妹的部分姑且按下沒關係。

　　我對貢丸妹最感到頭痛的，原也不是她跟誰鬥來鬥去、嗆來嗆去的無聊小事，年輕人的世界中，本該出現一堆大人們會感到匪夷所思的小爭端，那是因為他們的稜角未平，那是因為他們還在練習社會化的過程，這天經地義；倘若一群高中生，居然可以同班三年都沒有任何矛盾扞格發生，那不是和平，那應該叫做詭異。問題只是，當各種小紛爭發生時，孩子們往往不會拿捏一個適當的時機喊停，所以老師的責任，是陪在旁邊，提醒他們在應該適可而止的時候，得饒人處既饒了人，同時也放自己一馬。

　　所以貢丸妹不管跟誰有齟齬，基本上只要不過分傷人，我都不會太介入，而除了高二時她跟可達鴨因為口角，引發拉扯衝突之外，確實也沒出過大差錯，況且，那次可達鴨雖然先出手，但卻被貢丸妹抓得滿身傷——她用事實證明，個子小有時也能打得贏。

　　我後來覺得難以認同的，是貢丸妹有個挺奇怪的觀念，她不能允許他人的「背叛」，但或許是世代差異吧，她對「背叛」這兩個字的定義，跟我這老屁股有些不同。簡單來說，貢丸妹

的意思就是：如果你是我的朋友，你就只能是我的朋友；如果你跑去跟別人當朋友，那你就是背叛我。

我說這是什麼屁道理？

當你是個學生，生活在一個單純而狹窄的交遊圈裡，你會竭力去維持自己僅有的朋友數；當你後來出了社會，同時具備多重身分（你既是老闆聘請的員工，也是某人的情侶，並且是某一群人的同事，也是另一群人的前同事，除此之外，你也是你父母的孩子，跟國中、高中同學的老同學……）時，你會發現這世界很大，「朋友」會以各種型態存在，並以多元方式與你來往，然後你才會真正明白：原來沒有一個朋友會永遠只屬於你，就像你不可能一輩子都只屬於誰。

但貢丸妹可沒打算接受老屁股的建議，她堅持用自己的想法，將身邊所有人都區分成「我的朋友」跟「不是我的朋友」的兩種人，這二者之間的簡單區別，就是她下課時間會找誰講話、會跟誰分享零食之類，再更有甚者，則是她對朋友自然青眼有加；但朋友之外的人，比較沒交集的就是空氣般的存在，要有點過節的，那就是冷語嘲諷居多；等更鬧大一點時，「乾哥」可能就會是她想搬出來嚇唬人的武器這樣。

在我看來，這一切好像也還無傷大雅，反正她們的敵友關

係永遠錯綜來去，而將來一出社會，她也很快就會明白，朋友不會永遠只站在你這邊，而且朋友不等於你的附屬品；換句話說，別人只是你的朋友之一，你也只是別人的其中一個朋友而已。

除了弔詭的朋友邏輯外，貢丸妹真正的問題，其實還是跟感情有關。她高一那年，跟汽修科的小夥子談起戀愛，因為這兩人一個斯文一個可愛，橫看豎看都挺登對，我也非常贊成，不過這兩人要好的時間也不長，那中間發生的枝枝節節也就不用贅述了，大抵上就是貢丸妹似乎是個人面極廣的女孩，到哪裡都頗受異性歡迎，到最後兩人終於在名義上宣告分手。

之所以說是「名義上」，是因為高二下學期，在本班搭乘校車，一趟遠征路途，要去奪回全國戲劇比賽的特優獎那天，一大清早，天都還沒亮，我已經巡迴路線，到處去接載那些交通不便的學生，準備到校集合，途中居然看到當時還未滿十八歲，當然更沒有駕照的貢丸妹，她就騎在一輛三貼的機車上，中間赫然是她已經分手的男友，更後面搖搖欲墜的，則是她的

僕人金魚。

　　我在大笑之後隨即大怒，立刻通知了貢丸妹的家長。這種違規事件若在平時，老師或許還能睜眼閉眼間輕輕饒過，然而全國賽當天，人人都有重要工作，又是毫無候補人員可以替代的狀況，演員忽略自身安全，還帶著演出夥伴一起涉險，那就不能輕易原諒。

　　我罵了貢丸妹一頓，順便請她自己回家後，再跟家長解釋，不料校車啟行前，她那位前男友竟然還在校門口徘徊，我好奇一問才曉得，根本不知道路線的他，居然「自願」騎著機車，要尾隨校車巴士，大老遠從桃園山區的邊陲，一路前往桃園市區去觀賞比賽，並為我們加油打氣。

　　不用說也知道，他加油打氣的對象，只有貢丸妹一人而已。看著那唯唯諾諾的小夥子，我問他，倘若巴士開上高速公路，他怎麼辦？然後再問他，要是這段路上發生任何意外，誰來負責？最後我問他，分手不能分得乾脆，這種呼來揮去的備胎，他打算當多久？

　　那小子懊喪低頭，一個字也說不出口。

　　其實我曾經不止一次，跟那小夥子聊過這話題，尤其我也在他們班教過國文與歷史課，一老一小之間還算有點交情。好

久以前，我就提醒過他，「為愛守護」，固然是非常難能可貴的一種情操，但守護的對象，卻必須得是那個能為你而感動、知道要珍惜你的真心的人，否則，你還不如去守護一隻廟門口的石獅子算了，至少石獅子不會踐踏你，而且那座廟的神明可能還會感謝你，也順便保佑你。

不過我們都知道，一個正在為愛癡狂的人，絕對聽不進去這些話。兩個小時後，當我們班在比賽會場忙進忙出時，那小夥子遠遠佇立一旁，在眺望著根本忙得沒空理他的女孩。很感人，卻也很悲哀。

在那之後，已經又過了好長一段時間，這當中我偶爾幾次接到貢丸妹的家長來電，想知道女兒與那小子的後續如何，貢丸媽總以為，女兒是屬於被騷擾的一方，而我始終很難啟齒，不知道該如何告訴她，其實一個巴掌拍不響。有時，糾纏不清的癥結，在於某一方依然眷戀對方，而另一方則捨不得失去那種被騷（關）擾（注）的滿足或優越感。

這世上存在著一種「就算自己不愛了，起碼還能享受那種『那個人還是我的』」的快感，有些人特愛這種快感，而我懷疑這也是貢丸妹對那小子，永遠這麼似有若無、欲迎還拒，卻也欲拒還迎的原因。

哪怕一路到了高三畢業前，那小子曾經下定決心要離開貢丸妹，也確確實實又交往過一兩個女友，但可惜都沒能長久，到最後的最後，我依然在本班教室外面的角落邊，看到他走了兩百公尺的距離，從汽修科大樓來到這兒，在等待和貢丸妹之間那可能不到一分鐘的對話。

　　我常在想，若有誰能證明愛情的珍貴與無價，大概也非那小子莫屬了吧？至於貢丸妹，昨天她已經提前去跟別人吃完情人節大餐，繼續在人海茫茫中，尋找她自己想要的愛情。

22

長得好看是天賦，但你必須有讓人願意多看你第二眼的內涵。

容貌終有一天會老去，你總得承認，每天都有比你更好看的人，正在不停長大，正在剝奪你的優勢，直到將老去的你，給澈底淘汰為止。

這裡很重要，但不會考

一個班帶了快三年，有些人天天見面，看得都有點膩了，但有些學生，卻千難萬難，少有機會能見上一面。

　　按照目前制度，學生缺課超過二分之一，雖然不像過去的年代那樣，會直接遭受退學處分，但即使是義務教育，同樣會有硬性的強迫休學或轉學的處置；而即使不「二一」，也另外還有一種情形，叫做「三一」，顧名思義，就是曠課率已經達到整學期的三分之一，在這種情形下，雖然可以繼續保留學籍，但分數卻會極低，到了每一科都會被當，全部都得重補修的程度。

　　一屆的學生還沒帶完，除了幾個打從心裡真的不喜歡唸書的孩子，會毅然決然選擇二一之外，也有幾位比較漫不經心，經常把睡眠或打工的重要性，擺在課業之前的小朋友，一個不小心，就逼得老師非得打一通「三一通知電話」給家長，比如，本班班草就是。

　　在一個男女比例嚴重失衡，男生人數只占一成不到的班級中，要獲得「班草」的頭銜，看起來似乎並不困難，因為他的競爭對手只有兩個。但這位班草不只在本班風光而已，放眼全校，要論長相外貌的話，大概就只有木工科還有一個堪與比肩的，不過，木工科那個同樣也很帥的男生，長得跟我們班草一

模一樣，因為他們是雙胞胎兄弟。

　　所以你可以想像，班草舉手投足，都會是全科女孩們所矚目的焦點，他的一顰一笑，都能牽動多少女孩的心思……我不得不說，還好班草的出席率欠佳，否則以他迷人的程度，招招手就能擄獲多少芳心，又還有誰要聽老師說話呢？

　　有時我會覺得挺無奈的，班草這小子高高瘦瘦，白白淨淨，生得濃眉大眼，講話聲音也好聽，如果好好發展，未來應該不可限量才對。但非常可惜，雖然他總能輕易擄掠周遭女性的目光，而且從來都不缺女友，然而這小子卻似乎已經滿足於「情聖」的光環，沒打算讓自己再更有點進步。

　　還記得有一回，我精挑細選班上幾個外貌出眾的小孩，準備陪同科主任，前往鄰近國中去進行招生活動，情聖在雀屏中選後，沒有太多興奮，反而有點忐忑地問我：「老師，如果有國中學妹要跟我講話，那我要講什麼？」

　　我心裡覺得納悶，告訴他，只要平常心以對即可，平常怎麼聊天，去了就怎麼跟學妹聊天，不料他竟然面帶為難地說：「可是這樣她們就會笑我呀，她們會笑我只是長得帥，但卻是個頭腦空空的草包。」

　　我那時一口茶險些噴了出來，忍不住掐著他脖子說：「原

來你也知道自己腦袋空空，那你幹嘛不認真點來上課啊！」罵完之後，我又忽然覺得欣慰，但同時也有點感慨，這小子至少知道「草包」二字。只是他已經習慣了當情聖，就算成績差一點，也無損於他的個人魅力。

而身為他的老師，我多麼希望，希望情聖可以稍微更用功一點，或者讓內涵更加豐富一點，如此一來，一定可以讓他在情場上更加無往不利不是？

這世上不是每個人，都只依據外貌的分數，來當作挑選戀愛對象的唯一標準。當你空有外表，卻缺乏內在時，你能選到的、或那些看上你的，往往也只是跟你相等程度的貨色而已，一旦你遇上的，是個外貌與內涵兼具的對象，屆時你就會發現，自己竟是如此缺乏競爭力；況且，容貌終有一天會老去，你總得承認，每天都有比你更好看的人，正在不停長大，正在剝奪你的優勢，直到將老去的你，給澈底淘汰為止。

不過說真的，情聖至少還有一張好看的臉，跟他相比，我更感慨的，是那些長相不如他，受歡迎程度也不如他，但缺課或鬼混能力卻與情聖不相上下的傢伙們，這可能才是我真正該擔心的——這些人以後拿什麼去談戀愛啊？

我後來細數情聖的情史，想想其實他也不算太過分，比起

班上那些慣性失戀的女同學，兩年半多的時間，情聖只交往過四到五個「名義上」的女朋友（當然有些可能是我所不知道的），而且也沒傳出過什麼嚴重的劈腿新聞，這對一個外貌極佳的年輕男孩來說，應該已經算得上是「守身如玉」了，對吧？

高三上學期，情聖因為出席率太低，逼得我不得不撥通「三一警告電話」給他家長，我趁情聖終於懶洋洋地到校時，告訴他，一張好看的臉，會給你太多太多的優勢，卻同時也成為你的羈絆，因為你習慣了，能比一般人更輕易贏得他人目光，卻同時也讓你忘了，當我們看到你的長相後，會也有興趣，想多了解你的內涵。

我那時說得語重心長，卻不曉得他能領會多少。從國中時期，情聖就不是個多愛讀書的孩子，為了生活，他從高一就開始打工，賺取自己的生活費，因此我不奢望他能搖身一變，就成為人人討喜的資優生，但也希望他至少稍稍改善出席狀況，千萬別白混了三年，除了女朋友比別人多交幾個之外，卻半點成就也沒有，那身為他的導師，我可就汗顏無地，也虧負他母

親的所託了。

今天，距離高三畢業，只剩下三個月左右，我連課本都沒帶，準備把「鴻門宴」的故事再講一次，連續三個高三班都上國文課，相同故事已經講了一遍又一遍，我早已困乏不堪，半點樂趣都不剩。范增想殺劉邦，那就讓他殺吧？項羽還要繼續婦人之仁，那就讓他仁到最後一刻吧？

我其實已經厭世不已，根本不想管了，然而走進我們班，當黃河與長江、咸陽與鉅鹿，劉邦與項羽的進軍路線都畫好，連雙方各自人馬的姓名都寫好以後，故事開講不到五分鐘，卻忽然發現，平常永遠趴桌酣睡的情聖，今天不但還兀自精神奕奕，而且正專注不已地聽著老師的講述，那瞬間不知怎地，我的活力一整個又滿了回來，到底項伯是怎麼與張良暗通款曲、究竟項羽是如何力拔山兮，以及漢高祖又是怎麼老爸被綁於前而面不改色，全都說得活靈活現。

這一刻，我並不是為了坐在教室後頭，那群呵欠連連的資優生軍團而賣力演出，我只是很想讓情聖多聽一個故事，雖然將來他可能只會把這故事賣弄在把妹上，但至少那時他就不再只是靠長相來吸引人而已了，對吧？

長得好看是天賦，但你必須有讓人家願意多看你第二眼的

內涵，這樣，你才能當一個更優質的、實至名歸的情聖。我看著下課之後，悠悠哉哉，連走路都走得很痞的情聖，又到教室後門口去跟學妹約會的背影，心裡默默暗禱，希望這位小情聖，就算永遠只是個情聖，至少還是個有料的情聖，這樣也就不辜負班導師我的小說家名聲了。

23

没有誰可以決定你的人生，
但你要為自己的決定負責。

> 願每個我帶出來的孩子，即使被無法反抗
> 的推力，推到了任何地方，最終都還能勇
> 敢走出一條，他們自己想要的路。

這裡很重要，但不會考

游媽媽最近非常苦惱。

游媽媽當然不是游老師的媽媽，只是因為剛好同姓，又是成績頂尖的好孩子，大家談笑間，給她一個戲稱的稱號，就叫她游媽媽而已；游媽媽也不是我這班的學生，她是餐飲科的高材生，不但高中三年始終名列前茅，更參加多項國語文競賽，是我們幾位國文老師共同關注、引以為傲的對象。

不過最近游媽媽苦惱得很，前幾天放學後，甚至悶得不想回家，非得要游老師陪著走幾圈操場，跟她做了一堆毫無結果的分析，把她本來就心煩意亂的頭腦，再攪得更加混沌之後，才能讓她精疲力盡，無法思考地回家睡覺。

到底煩什麼呢？如果我不是現在的這身分，而是以前那個成天打架、飆車，四處闖禍的我的話，那肯定是無法明白的，噢，原來品學兼優的好學生，居然也會有困擾呀？

那年，壞學生的我，滿腦子煩惱的，都是該去哪裡打工賺錢，或該從學校的哪個角落翻牆翹課，以及犯錯被捕後，該怎麼阻止記過單寄回家裡的問題，而這位游媽媽，她當然沒有這種困擾。她苦惱的，是因為成績太好，好到可以用繁星*的方式，去贏取任何一所國立科技大學的名額，但她本人卻一點也不稀罕，反而只想要考上一所心目中的科技大學的某個不知名小科

系而已。

　　為此，她必須對抗的，是一群滿心要支持、鼓勵她勇敢挑戰自我的好老師們，以及逐漸被老師及親友們說動後，也覺得女兒應該往更高階的目標去奮鬥，不能浪費一個絕佳機會的游媽媽的媽媽。

　　游媽媽很哀怨地告訴我，她說自己萬分後悔，早知道這三年不該那麼用功，弄到最後，連考什麼大學都不由自主。那時，走在游媽媽的身邊，我表面上是滿腹沉吟，很認真在為她籌劃的樣子，但其實心裡真的感到不可思議，想不到像我當年那樣的，那種差點沒大學可讀的壞學生，有時居然也會成為好學生的羨慕對象──原來沒有選擇餘地時，唯一的選擇，竟然也會是最好的選擇呢！

　　在漫步時，我給了游媽媽兩種思維觀點，任憑她自己選擇。因為只是國文老師，我不便插手人家的班務或科務，甚至，站在學校的立場，我也應該支持該科主任與老師們的觀點。只是，那股骨子裡的壞學生因子，似乎沒有隨著年紀增長而消褪，所以當游媽媽覺得我是唯一一個站在她那邊的人時，我跟她說：「妳可別把我扯下水，萬一游媽媽的媽媽，或游媽媽的科主任想找人算帳時，也拜託請千萬別找上我，小的我可承擔不起。」

我很賊地笑著跟游媽媽說：「我是個國文老師，所以我只能本著一個『文人』應有的任性跟妳說，在人生的路上，應該要『從心之所行』而已——我們這一生都只活一次，沒有人可以替別人做主，也沒有誰的人生，需要去讓別人幫忙做主，任何師長或家長都一樣，要是把孩子給送錯了路，誰也承擔不起這種責任。身為長輩，我們能給的只是意見與經驗，不是要求或脅迫。」

　　因此我給了游媽媽兩種參考路線，這兩面觀點是這樣的：其一，站在學校這邊來看，學校希望在繁星結束後，能獲得一張好看的國立榜單，這絕對合情合理，況且，老師們在人海茫茫中，苦苦尋覓著，才能找到幾個優秀的讀書人才，這樣的人才，我們又豈能坐看你們放棄更好的升學管道，去就讀一所次等的大學，把自己就這樣輕易埋沒了呢？

　　「妳夠格，別人才會把希望放在妳身上，就像紅顏為何薄命？那是因為大家不在乎醜人能活多久一樣的意思。」我這樣引述網路名言的時候，游媽媽白我好幾眼。

　　然後我又繼續說說第二個觀點，這觀點更簡單：繁星資格的取得，要看高一到高三，一共五個學期的成績，而這五學期的打拚，都是靠妳自己一刀一槍，殺出重圍去獲得的，並不是

任何一個老師或主任，因為看妳可愛，才把機會賞給妳的。我跟游媽媽說：「既然資格是妳自己拚出來的，那拿著這資格，去選一個妳自己真正想要的學校或科系，又跟那些旁觀者有何關係？輪得到別人來插嘴？」當我說完第二個觀點時，游媽媽不停點頭，差點把脖子都點到骨折。

你的人生方向，如果不能由你自己作主，那這個人生，就不算真正屬於你，充其量，它只是別人的人生的一種延續、一種彌補而已；但相對的，就是一旦你勇敢捍衛了自己的夢想，決定要堅持著自己的路線了，那就必須堅持到最後一刻，唯有如此，你才算是真正對自己負責，也才不辜負了所有關心你的人的期待。

我這樣說的時候，順便偷眼看了看游媽媽，看著她皺眉的神情，心裡覺得有些不忍，感覺自己好像不但沒有幫上忙，卻反而丟了一個更大的難題給她。我其實不用猜也知道，這件事到了最後，游媽媽大概不會有任何機會獲勝，因為她要面對的，是來自四面八方的聲浪與壓力，除了一個國文老師之外，世上沒有幾個人真正站在她那邊，而即使我贊成她「從心之所行」，但我的贊成卻毫無力道，根本無足輕重。

但我忍不住在想，一個孩子的未來，如果已經經過他自己

審慎的考量，為什麼不能就讓他自己選擇呢？我們這些大人，無論是師長或家長，給了那麼多意見跟壓力，但說到底，究竟有誰能真正為孩子的人生負責？

　　我當然明白，孩子們對於未來的選擇依據，往往跟大人們都不同，甚至在我們的觀點中，搞不好還會認為他們太過天真或膚淺，好像一切都只是以「開心」、「自由」為準則，可是我很想很想問問這些大人們，你們辛辛苦苦地在這個社會上奔走，汲汲營營去爭取的，其實不就剛好也只是「開心」跟「自由」而已？既然你們這麼努力，都追求不到開心或自由，那為什麼要在一個孩子還正青春，正充滿朝氣與活力的時候，就先讓他們品嘗到身不由己的失敗滋味呢？

　　游媽媽轉述給我聽，她說很多師長或長輩都告訴她，要擠進更好的學校，才能經營出更美好的未來，而我笑著沒說什麼，只是指了指我自己，那時聰明的游媽媽就明白了，她眼前的游老師，並非出身文學名校，而且還是個從高職電機科跳槽，轉而投入重考班，才在一所普通的大學中文系畢業的泛泛之才，但畢業二十年後，游老師卻出版了四十本小說，前幾天才在國際書展參加過一場座談會，偶爾還四處擔任文學評審或演講講師，游老師沒有顯赫的師承門派背景，卻歪打正著的也就一個

不小心，成為一個別人錯以為的「文學才子」……

　　那麼，我們可以推想，究竟名校可以為一個人加分多少？在一般般的學校中，究竟能不能靠著自我培養的方式，創造出更好的未來人生？游媽媽她懂，但可惜，她改變不了這世界的觀點。

　　那天的最後，我掏出口袋裡的糖果，給了她一顆。我安慰她，吃顆糖吧，如果這世界都不懂，如果妳睜眼與張耳，看到或聽到的都只是無奈，那至少這口糖還是甜的，試著讓自己找到甜味，這就是人生了。

　　我由衷地希望，每個我帶出來的孩子，都能勇敢地決定自己的人生，並為他們的選擇而負責；又或者，但願他們不管被無法反抗的推力，推到了任何地方，最終都還能勇敢走出一條，他們自己想要的路。

＊

繁星：繁星推薦入學，大學招生管道之一。由各高中向大學校系推薦優秀的學生，在「明星高中的校排名等於社區高中的校排名」的前提下，讓資源條件相對不足地區的學生也能取得優質校系的入學門票。

24

跟你自己做朋友吧，
做個懂得和自己相
處的人。

真愛就跟鬼一樣，是人人相信
有，但從來也沒見過的，可是看
不見的，卻未必就不存在。

這裡很重要，但不會考

我小時候聽過這麼幾句話：一個女孩像啞巴，兩個女孩吱吱喳喳，三個女孩稀哩嘩啦，四個女孩像一畝田的青蛙。本班共有超過三十位女同學，換句話說，我每天都生活在八畝田濃縮成的青蛙社區裡。

　　但說真的也不是每個女生都那麼愛吵鬧，比如小不點就不是。她個子瘦小，非常安靜，面對陌生人時是完全不言不語的，即使站在她面前的人是老師，她也極少有開口的時候，她在我班上快三年了，我們交談大概不超過一百句話。

　　猶記得高一剛入學不久的某天，同學們跑來告訴我，說小不點忽然哭了，那時我很錯愕，尤其是追問原因，竟只是同學們想跟她商量，看能否換個座位而已。我不懂這有什麼好哭的，所以急著去處理了一下，非得用點頭或搖頭的溝通方式，小不點才讓我明白，她其實不願意換座位，但又不知道該怎麼與同學應答，因此才情急而哭。

　　那是第一次，我真正體會，原來所謂的特殊個案學生，真的需要不同於一般的耐心與方式，才能讓他們敞開心房，並且也需要老師的輔助，才能讓他們更易於融入團體，這箇中的經營方式，絕不是那些研習會中，什麼「愛」或「關懷」所能一言以蔽之的。愛與關懷，只是必要的基礎，但真正的問題是技

巧，而「技巧」會因為特殊個案學生的狀況不同，也跟著產生差異性，更沒有一招可以打遍天下的便宜事。

不過話說回來，人與人相處的模式，本就千千萬萬種，對特殊個案學生是如此，對一般學生也一樣，即使你保持一份真誠的初心，卻也會因為對象有別，而使表達的方式有所不同。

好了，咱們還是回頭說說小不點吧。她雖然不善與人溝通，課業成績也不怎麼理想，但卻喜歡塗鴉作畫，畫風可愛，很有少女漫畫的況味，雖然要製作成圖文繪本可能言之尚早，但只要長期栽培與訓練，我倒覺得也不失為另一種幼保科畢業後的出路，而且升上高二之後，她已經逐漸找到可以跟她作伴的幾個朋友，總算比較不需要老師時時擔心。

不過問題如果只是這樣就輕易解決，當然這也就沒什麼好被記載的了，小不點之所以成為本班的經典之一，其實還有後頭的好戲。

同樣是高二上學期左右吧，忽然有一天，同學們又跑來找我，神情詭異地叫我趕快去教室看看，我在門口向內望，只見

平常沉默寡言的小不點，此時正面帶微笑地坐在她的座位上，開心地玩著剪刀、石頭、布的猜拳遊戲，但弔詭的是她旁邊卻一個人也沒有。

同學們悄聲告訴我，說小不點已經不是第一次這樣跟空氣玩猜拳，而她們好奇探問，小不點還告訴她們，說教室裡除了學生之外，還有幾個她的朋友，這些朋友經常待在室內，會陪她聊天，更會陪她遊戲。我這時也覺得萬分有趣，於是打斷了她的猜拳樂趣，把人叫過來聊幾句，經過這一年多的相處，雖然話並不多，但小不點已經願意對我開口，講個幾句話都不是問題。

我問她，想知道那些無形的朋友平常都在教室裡做什麼，小不點說，祂（？）們大多數時候只是站在教室角落，看著別人上課或玩樂，接著我問了一個更白癡的問題，想知道這些朋友站得久了，會不會覺得腳痠，想找個地方坐坐？小不點於是點頭，她說每天都有人請假缺席，那些朋友就會坐在空位上，陪大家一起上課。

當她這樣淡定說完時，坐在教室後面角落，一向很有大姊頭氣勢與風範的班長，忽然就放聲哀嚎尖叫，把大家都嚇了一跳，我問她在鬼叫什麼，大姊頭呼喊著指指她旁邊，那兒赫然

就是一個缺席的空位。

　　我笑著叫她們都安靜，然後告訴小不點，請她轉告這些看不見的朋友，如果因為無處可去，想要來班上聽課的話，其實我是挺贊成的，但我只有一個條件，就是不允許祂們驚嚇了班上的同學，而小不點也點頭答應，然後我又告訴她，跟朋友玩猜拳當然沒關係，但這會嚇到其他人，所以拜託能免則免，她也乖乖允諾。

　　後來我們班確實安靜了一陣子，小不點的朋友似乎也安分不少，直到學期末前，打掃廁所的同學，推開一間廁所的門板，正要掃地時，小不點忽然拉住她們，說了一句：「等一下，妳踩到祂（這個祂還是女生的祂）了。」

　　那天傍晚，我大概花了二十分鐘，才把一群打掃工作沒完成，卻嚇到花容失色，哭著再也不肯進廁所的女生給安撫完畢。

　　子不語，怪力亂神，身為一個國文老師，其實我是不該支持小不點的「好朋友論」的，然而有時我又想，或許這也是個讓其他學生，試著接受各種信仰觀點的好時機不是？

我們都知道，真愛就跟鬼一樣，是人人相信有，但從來也沒見過的，可是看不見的，卻未必就不存在；既然可能存在，那我們就應該保持平常心，試著與天地間的各種神靈，以一種平衡的方式共處，而非心懷畏懼，甚至疑神疑鬼。

我不是很確定，到底孩子們是否真心接受了「缺席的空位其實也可以借給一些隱形的朋友歇腳坐坐」的理論，但反正女孩兒們每天都有新鮮話題可以煩惱，她們沒隔幾天，老早就把這件事拋諸腦後，繼續她們原本的生活去了。

無論幾歲的人，對於未知的鬼神世界，總是充滿好奇，乃至於畏懼。愈早讓這些孩子們，用較為健全的觀念去理解，也就愈早一點，讓他們用理性與同理心去面對，或許也可以避免一些將來可能會出現的社會問題吧？

倒是小不點，我看著她偶爾還是忍不住又對著空氣玩猜拳的樣子，心想，就讓她去玩吧，管她真的或假的呢？小不點答應過我，只要不嚇著同學，我就永遠替她保守這個祕密，不會讓她父母知道，而她不都也做到了嗎？

況且，平常因為個性關係，少與他人互動，因此人緣也不是很好的小不點，如果真能跟她隱形的朋友相處愉快，那就表示她在另一個時空裡，已經結交到不錯的朋友，這其實也是好

事一件；反之，這件事如果是假的，那她也能跟自己想像出來的世界，達成一種巧妙的平衡，可以彌補她現實生活中的缺乏了，對吧？

我們活在人與人往來過於密切，動不動就引是惹非的世界裡，光是處理人際關係的問題，就足以傷透腦筋，誰都渴望有幾個跟自己能完全契合、不會產生扞格的知交好友，但愈是費心經營，有時反而更傷痕累累，到頭來或許會感慨，原來能跟你完全契合的好友，在現實中根本不存在，那是多麼讓人悲傷的一種覺悟？

所以，如果子所不語的那世界，其實都是真實存在著的話，那或許我們都跟小不點一樣，都需要幾個看不見的好朋友也說不定呢，對不對？又或者說，我們都應該學習小不點的方法，至少她是最能跟自己溝通的人，也深諳自己才是自己最要好的朋友的道裡。

25

過度的控制網，
讓父母誤以為孩子是
永遠需要被保護的。

有時因為孩子們在家缺少話語權，所以家長往往低估了他們的能耐，然而當他們離開家門，在同儕之間、在需要競爭力的場合中，那種展現出來的熱情與張力，會是家長們完全意料之外的事。

這裡很重要，但不會考

關於江寶高一時的模樣，我的記憶已經有些模糊，唯一清晰的印象，就是這個阿美族的小女孩，有一雙明亮的大眼睛，非常會化妝，把一張本來就白皙的臉蛋，畫得白上加白，然後一抹紅唇與濃眉，聽說那是近年來流行的「韓妝」，但我覺得就差眉毛有點粗，否則也挺像日本藝妓的。

　　江寶的課業成績不太出色，一顆聰明的腦袋當中，裝的似乎都跟國文、數學或各項專業科目無關，但說真的，她到底在乎什麼，我也不是非常清楚，因為這些小女生，腦子裡永遠有我們難以理解的想法，而且比起江寶，她媽媽還更讓我有印象。

　　江家子女眾多，家中經濟壓力相對也大，江媽媽從來都不是省油的燈，她會精打細算，仔細地去了解學校裡面，各項酌收用度的明細，但她一點都不是愛計較的人，只是知道錢要花在刀口上。

　　所以我還挺喜歡跟江媽媽溝通孩子的事情，只是愈溝通就愈發現，有時父母將一張過於綿密的控制網，罩在孩子的身上時，即使並不帶著惡意，卻也可能不小心插手了孩子們過多的隱私領域，並且妨礙了他們的自主權——特別是當一個孩子已經升上高中，需要比以前更多個人空間的時候，家庭問題就隨之衍生。

在這件事情上，江寶是很無奈的，當我在課堂上說起黃春明的小說〈魚〉，故事中的阿公，對孫子阿蒼提醒，要做弟弟、妹妹的榜樣，我問他們是不是對這句話很耳熟，而且覺得討厭，江寶差點把頭給點斷了。江家自她以下，弟、妹還有七八個，正所謂長姊如母，江寶的日子可一點都不輕鬆，江媽媽一方面要照料那些年紀尚小的兒女，另一方面，就要嚴格管控江寶，希望她能一切遵循軌道，既成為手足間的優良典範，最好還能更進一步，成為能幫忙照顧後輩的幫手。但問題是，江寶本人怎麼想呢？

　　在班上，江寶第一次出狀況，是高一上學期的某個星期六，我忽然接到江媽媽接連打來好幾通的電話，知道她向來性急，所以我沒敢怠慢，不料這一接起，卻跟著攪和進麻煩中，江媽媽告訴我，說女兒已經一兩天沒回家，電話也不接，他們正準備報警，也想請老師協助尋人。

　　我那時非常詫異，沒想到才任教的第一年，居然就遇到學生翹家失蹤的事了，但那時可沒時間驚嘆，我能做的，只是在通訊軟體的班級群組中，問問大家，也問問幾個平常跟江寶要好的同學。

　　最後他們給了我江寶的男友的聯絡方式，而那男孩人在上

班，接電話的就是江寶。她沒有情緒激動，也不像被綁架的樣子，她只是淡淡地說，想要一個真正自主的人生，過自己想要的生活，所以不想讀書，不想住在家裡，從現在起，她要休學去餐廳打工，跟她的男友相依為命，過著兩個人的小日子就好。

關於當時的一些細節，我已經不太記得，大致上，就是我提醒江寶，也請她轉告男友，逃家絕不是最好的解決辦法，尤其男女雙方都還未成年，江媽媽只要一通電話報警，你們這對苦命鴛鴦的「私奔記」就得立刻散場，根本逃不出大溪，更逃不出桃園。

後來，江寶果然乖乖回家，而那男生的後來如何，則不在本人關切的重點中，畢竟我要負責的對象是江媽媽，而我要關心的焦點只是江寶。

那次事件後，江寶確實安分了一陣子，也不再有因為感情問題而逃家或翹課的狀況。我猜想，她或許是明白了一個道理：法律所規定的成年條件，是一道「時間不到，就永遠翻不過去」的高牆，在那道牆消失前，所有的山盟海誓也好、生死相許也好，都比不上一通報案電話來得強硬。我們歌頌愛情的美好，更讚揚自由戀愛的可貴，但這裡是中華民國，我們有一套又一套法律，會擋在你面前，讓你知道，翹家私奔肯定是行不通的。

「真的行不通嗎?」後來,我們在班上聊這件事,江寶也在,有人問我。

　　「當然,二十幾年前,我就已經撞得滿頭包,還把當時的女友乖乖送回家了,你們覺得二十年後的今天,法律難道還會退化,讓你們私奔成功嗎?」我老氣橫秋,本來怕江寶尷尬,不想繼續囉嗦,結果那個最想聽故事的人,赫然就是她自己。

　　我會很喜歡這群孩子的原因之一,就是他們不像一些過於世故的年輕人,有那麼多的避忌或顧慮,他們總能勇敢表現出自己的愛或不愛,也不會太過計較所謂的面子問題。

　　對江寶而言,一次追愛私奔的冒險,雖然是以失敗告終,但卻不是一椿不能說也不能提的醜事,相反地,江寶比其他人更坦率,她將這些挫折的過往,變成一種印記,隨時提醒自己,甚至也能勉勵別人,要努力活得更勇敢,而這就是我佩服她的地方。

　　那次事件後,江寶似乎就轉移了青春歲月的焦點,我沒再聽到她的感情事,反倒是她愈來愈發揮長姊本色,逐漸成為班級某個群體的領導人。

雖然江媽媽給她的壓力依然不小，但喜歡跳舞的她，卻一次又一次，在幼保科永無止盡的表演舞台上，慢慢綻放屬於她個人的光芒，要不是江媽媽的大力反對，高一下學期時，江寶可能就已經如願轉科，變成表藝科的大明星了。

　　不過即使轉科不成，江寶也沒有死心，高二那年的農業博覽會，她跟一群同學都報名參加甄選，要加入演出團隊。那漫長的訓練，以及為期長達一個月的演出，雖然會有金錢報酬，但付出的體力與心思，可絕不是一般人所能負荷的，一群幼保科女生去參加，最後能夠撐到終點的，也不過是江寶跟貢丸妹而已。

　　那次展演，帶給了江寶無比的榮耀，她的舞蹈才華令人驚艷，當博覽會結束，前表藝科主任緊接著在策劃出國匯演時，除了他們該科學生之外，就特別保留名額，想讓江寶一起參加。

　　那件事讓江寶憂喜參半，喜的是才華終於被看見，憂的是家境問題，江家子女多，父親又身體不好，即使所需旅費不過萬元，卻也湊不出來；事實上，江寶早就已經跟家人商量過，確定高中畢業就轉而從軍，以確保能有穩定的收入，來幫忙分擔家計。

　　那段時間，我跟表演藝術科的前主任經常討論起江寶，一致認為，雖然我們不知道她的未來會怎麼發展，但這可能是她

一生當中，唯一一次實現夢想的機會，無論如何，即使老師們自己掏錢，都要幫她完成這個心願，讓她高中三年不留遺憾。

儘管那趟出國匯演的行程，因為香港的主辦單位臨時決定改期，導致無法成行，然而我還是常常在教室門口，偶爾看看江寶幫同學化妝（她永遠都在畫大白臉的妝），或看看她教大家跳舞時，非常有律動又精準到位的動作（這兩年來發胖的問題也絲毫沒有影響她的舞姿）。

我總會想，每個人都只年輕這一次，你如果有夢，就應該勇敢去追，當你的心開始發光發燙時，身旁的人一定也會感受到那種熱度；當你遇到困難時，只要你不放棄，繼續堅持，就可能會遇到同樣欣賞你的態度的人，或許，你就能得到一些幫助，來幫你更靠近夢想──天助自助者。

我那時真的覺得很榮幸，覺得自己倘若能有機會，輕輕推江寶一把，讓她在更大的舞台上，實現屬於她的夢想，那該會是多棒的一件事？所以，當獲知無法參加活動時，其實我的失望程度，絲毫不亞於江寶，只是她已經夠難過了，我就不好再表現出來而已。

但江寶就是江寶，或許是因為江家的女人都很堅強吧，就像江媽媽從不示弱一般，江寶也是個硬氣的人，她不會讓自己

低潮太久（大概兩天吧）。

　　由於幼保科的高二學生，必須花上一整年時間，忙於全國戲劇比賽，所以身為排練助理的她，還得忙著協助調度各種排演狀況，根本也閒不下來，而我猜江家母女間的溝通效果也許不是太好，尤其高一那場私奔記之後，江媽媽對女兒的管控更加嚴格，如遇假日需要排練，要嘛江媽媽親自接送，再不就是身為班導師的我，得在桃園縣市裡大寬轉一圈，去江家附近的公園等，等江媽媽帶女兒走出巷口，確定女兒坐上老師的車之後，她才能夠安心。

　　這樣過了大半年，當我以為江媽媽應該已經鬆懈，會稍稍放寬管制，也不再需要我頻頻接送時，在全國戲劇賽的總彩排當天，江家母女居然又吵了起來，江媽媽斷然不肯放人，出不了門，又身無分文的江寶，只能哭著打電話來求救。那當下我心一橫，告訴江寶，就算沒錢也無所謂，現在立刻走出家門，直接上計程車就好，反正到校之後，無論金額多少，我都會在校門口幫她付錢。

　　說完，我又打給江媽媽，希望說服她答應放人。本來江媽媽還有些不信，問我：「不過是一個角色而已嘛，缺了她應該也沒關係吧？」那瞬間我理智險些斷線，在腦海中用力告誡自

己，這個正在跟我講電話的，可不是能讓我破口大罵的對象。

　　所以我深呼吸幾口氣，非常誠懇也嚴肅地告訴江媽媽，江寶雖然在課業上總是漫不經心，成績也不太高分，但在這齣全國決賽的大戲當中，她女兒卻是一個絕對不能缺少，也無人可以取代的重要角色；現在已經不只是江寶自己想演出而已，而是全科師生都需要她，這個人今天要是不來，不但全班會演不下去，連科主任跟班導師，還有導演都得一起跳樓了！

　　被我這麼一唬，江媽媽才知道事情的嚴重性，也才明白，原來江寶的才華，早已超越了一般人的想像，趕緊親自把她送來。

　　那天，我親自在校門口迎接，給足了江寶面子，其實也是想讓江媽媽知道，孩子平常總有兩個面相，一個是他們在家的表現，無論乖巧或叛逆，他們飾演的總是孩子，而孩子們在家，有時因為缺少話語權，所以家長往往低估了他們的能耐，然而當他們離開家門，在同儕之間、在需要競爭力的場合中，那種展現出來的熱情與張力，則是家長們完全意料之外的，所以千萬別低估了自己的小孩。

　　就像江寶一下車，她給自己掙足了臉面，當踏進排練場時，她滿是自信，接受全班同學看到她到場時，忍不住發出的歡呼

聲，她已經很知道，這才是她的舞台。

　　三年時光，**轉瞬就過**，這次畢業製作，孩子們奉命又得上台演出，現在早已不需要我費心，江寶很快就有了整齣戲的想法，我只順著她的思維，稍微安排出大致的劇情走向，剩下的各個章節當中，所有內容與舞蹈，全都由江寶策劃，並且進行編舞，還負責教會大家，身為畢業班的導師，我只需要靜靜地在旁邊，看他們為自己張羅一切就好。

　　一邊看，我有時會想，雖然那次國外匯演的活動未能成行，但我真的真的不想讓江寶再有遺憾，這個孩子所背負的家庭壓力太大，注定了要在現實與夢想間，比一般人更加煎熬與衝突，但我們明明都知道，她可以擔任的，絕不只是一顆小螺絲釘而已，只要給她更大的舞台，她就能夠發光發熱，不只照耀自己，更照耀別人。所以，這次我想讓她掌握更多的主導權，也順便觀察一下，到底這兩年多來，經常提醒她要注意的個性問題，是否已經修養得差不多了。

　　江寶跟很多有才氣的年輕人一樣，因為具備高人一等的才

華與眼界，性子跟著也急了，會失去等待或包容他人的同理心，再加上年少氣盛，經常口無遮攔，就更容易得罪人，而且喜怒往往形於色，雖然這是一種直率的表現，卻也容易樹敵。

前兩年，班上常有人不滿於她的氣焰，會跟她衝突作對，我也接到過不少同學的抱怨，甚至還約談過江寶幾次，但可能是因為導師本人也是個才華洋溢（？）的人，所以我很能體會她的一些感覺，因此也不想太嚴厲責備。

我所能給予的建議是，既然她能成為自己那一群人的「老大」，那就表示她其實是有領導能力的；如果想要更進一步、能讓自己成為更優秀的領導人，除了自身本領要繼續精進，更重要的，是個人修養與氣度，凡事都要適可而止，不能把別人逼急了。當你學會給別人留後路，互相留點情面，將來才有再合作的空間，就算不能成為一輩子的好朋友，起碼可以成為三年的好同學。

江寶一直在改進，後來即使還跟別人偶有齟齬，但只要稍稍提醒，她就會很快醒悟，並學會克制情緒，人緣也好了許多，她那個小圈圈還在不斷擴大。現在的她，看來似乎是已經了解，一個領導人才所需要的，並非只是過人的才華而已。「技壓全場」是一種方式，但這種方式，只能逼大家承認你很厲害，卻

不能讓他們尊敬或佩服你，更不能讓他們心甘情願地追隨你。

換個簡單的白話來講，就是：**一個老大，要讓你身邊的這群人感到溫暖、安心與安全感，而不是讓他們怕你或覺得被壓抑，這樣大家才會願意為你與你們的團體效力賣命，能做到這樣的人，才有資格當一個真正的老大。**

「江寶，這是幼保三的畢業製作，但其實也是妳的畢業製作，妳應該感覺得出來吧？」當我這樣問江寶的時候，我用眼神暗示她的是：除了舞蹈才華與舞台魅力外，也是她展現個人修養與領導魄力的時候。果不其然，她做事非常有章法，而且善於溝通，跟大家配合愉快。畢業在即，一齣即將呈現在舞台上的歌舞劇也逐漸成形，就算依照校方的期望，要我們到校外去進行展演，我也一點都不擔心，因為我知道，幼保三有江寶，有江寶就沒問題。

雖然有點可惜，讓一個人才就這樣畢業離開，從此身邊少了一員大將，以後做起事情，會讓我艱難不少，但我還是會帶著滿滿的祝福，讓她裝在未來的行囊裡，無論從軍或就讀任何大學科系，這些祝福都讓她帶著走，希望她不要放棄舞台，不要放棄夢想，然後我可以自豪地告訴別人，這孩子是我教書三年來，最大的驕傲之一。

26

即使你有一百萬種不如人
之處，但只要找到一種
屬於你的存在方式，你就
是獨一無二的。

人不需要逼著自己，去做你絕對做不來的事，
比起在絕境中自我折磨，你不如更用心去體驗
生活，從中找到真正屬於你的專長或特質。

這裡很重要，但不會考

在許多班級上課，我發現，每班都會有這種「大媽」型的人物，這類學生通常都是女生，不但人緣很好，而且出席率也高，重點是，他們很好「用」。

　　每一個任課老師，都喜歡這樣的學生，他們的成績不見得是最好的，但辦事卻總是使命必達，而且記憶力超好，任何交待的事項，無論是收作業、領資料，又或者各項雜事，他們永遠能夠銘記在心，有時候老師講完，自己立馬忘光，反而都是這類的孩子，他們會把事情辦好，然後再來喚醒老師早就已經淪喪的記憶力。

　　無論在哪個班上課，我都會去物色這樣的人選，讓他們來擔任我的國文小老師，效果確實也不差，真能省下不少瑣事麻煩，但在這幾個學生當中，如果要挑出最棒的，那自然是我們自己班上的「加分」了。

　　加分是她名字的諧音，這個乍看之下有點胖呆的女孩，講起話來有點大舌頭，具備百分之百的喜感。她略不如人的外貌，絲毫沒有影響人緣的發展，反而更讓大家覺得倍感親和，即使她疾言厲色地在催收作業或單據，也不會有人對她生氣，反倒還幫忙張羅，合力完成工作。

　　在我們班上，平均每三個人當中，就有一人會擔任班級幹

部，然而加分不同，她負責的項目已經太多了，多到我忘記她名義上究竟是什麼職位，她跟她的好朋友，也就是前文提到的那位宛如古代穿越而來的小老師一樣，簡直就是上天賜給我的左輔右弼，讓我感激不已。

在我們班上，收班費是總務股長的事，加分負責；報修教室的物件損壞或跑腿補充教具，那是服務股長的事，加分負責；填寫「教室日誌」是學藝股長的事，加分負責；每天到校跟放學，都要去拿點名板，並且負責點名登記，這是副班長的事，加分負責；一個星期有三天要升旗或晨操，集合整隊是班長的事，加分負責；除此之外，誰的心情不好，受了委屈，需要找人排解，那是輔導股長的事，加分照樣負責——弄到最後，我都覺得每個月領取導師費，好像是很違背良心的一件事。

撇開多項幹部業務不談，她還經常催收各科作業，比許多小老師們更認真，並也幫忙收週記、單據回條，以及在江寶缺席時，她負責舉班牌，帶全班去參加各種集合活動。

另外，家中經營早餐店的加分，每天又兼做外送，她讓家人騎車載來時，手上會拎著大包小包的外賣，全都是班上同學所預定的，每天幾乎都最早到校的她，剛好幫忙開門，順便發放早餐。

有一種人，他們的心思極為單純，生活中雖然也會有一些個人好惡，但對於上司或主管所交辦的任務，或團隊中委派的工作，卻往往負責到底，從不推諉，他們個性忠厚純良，能夠忍辱負重，更懂得以大局為優先。這類的人雖然不見得具備領導才能，經常是被忽略的對象，卻往往都是團體中不可或缺的中流砥柱，但非常可惜，願意在這位置上埋首耕耘的人，已經少之又少。

　　就像在一個搖滾樂團中，出風頭的總是主唱或吉他手，而比較不花俏的貝斯手或鼓手，則較不受到初學者的青睞。然而我們從長遠眼光來看，卻會發現：站在浪尖上的人物，雖然引領風騷，叱吒睥睨，看起來風風光光，但要承受的壓力與考驗也相對高出許多。因此這些領袖型人物，會更容易被市場或潮流所淘汰，反而是在他們背後，始終默默耕耘的那群人，雖然不出風頭，甚至連名字都不被記得，但這些人卻因為低調，而避開了各種浪潮的襲擊，能安然省下許多不必要的麻煩。

　　帶了快三年的班，我曾到大多數的孩子家中拜訪，或趁家長蒞校時，盡量找機會與之晤談，為的就是希望能夠多了解他們的原生家庭，尋求與家長合作的模式。然而我卻一次也沒見過加分的家長，印象中，除了每學期一次報平安兼問候的訊息

之外，我好像連電話都沒打過幾通，可是學校招生的文宣，現在就擺在加分她家的早餐店裡，園遊會需要冰桶或鍋子，也由加分的外婆一力提供支援。

這兒大概可以反映出兩個跡象：其一，是班導師可能有點偷懶，怎麼可以忽略掉學生的家訪？其二，是陳加分已經表現得太好，完全不讓老師有跟她家長聯繫的必要。

我是這樣在想的，這個班級啊，如果沒有陳加分，大概每個人都已經發霉腐爛，什麼班務都不用做了吧？光憑她勞苦功高的奉獻，就值得我們全班集資，在畢業時送她一面大匾額，上面要寫四個字，「以班為家」。

要說加分為什麼會被塑造成今天的這個形象，抽絲剝繭著就得算到我這班導師的頭上。對於一個素來不擅長讀書的學生，除了盡量使其維持基本的成績外，我能做的，是更多想一點，想想這個孩子還有什麼專長，並且試著加以訓練，說不定反而更能幫助這孩子，找到屬於他的定位或價值。

還記得加分打從高一新生時，就苦苦拜託過我，說如果沒

什麼事，請千萬不要跟她家長聯絡，尤其是成績的部分，求老師不要多提。看著她當時慘不忍睹的各科分數，我也覺得那通電話要是打過去了，可能會把她給害死。所以那時我只傳了訊息，大意是說，加分的成績不是很理想，還請家長幫忙在課後多予照看之類。

起初我對這孩子並不十分留意，只覺得她似乎沒有太多特色，但隨著時間日久，每次提醒我該收作業、週記或各項業務人的都是她，而既然是加分問的，所以我總是順口一句，乾脆叫大家「交給陳加分」。

當幾件事同時交到手上，她居然都能有條不紊地處理好時，我忽然突發奇想，也讓大家順水推舟，全班一起養成了要把所有瑣碎，全都「交給陳加分」的習慣，而她也在不知不覺中，逐漸被培養成今天的模樣；現在的陳加分，她具備大小事都上心，從不遺漏，又能把這些看似瑣碎、沒人想做的雜事，全都經緯擘劃，樣樣拿捏仔細的能力。

要說領導統御，讓人人歸心，加分當然辦不到；要幫忙施展才藝，迎接一次又一次戲劇或舞蹈演出，加分自然也愛莫能助，但這個班的經營運作，卻一天都不能缺少她。

有個說法是這樣的：會做事的人，往往不會做人；但是會

做人的人，則通常就不需要做事了。這個說法在加分的身上並不適用，她已經證明了，一個不善言辭，理當很難「會做人」的人，只要本著善意與人往來，透過向來認真辦事的過程，自然會讓他人感受到你的誠懇與初衷，那是一種耿直但不固執，樸素但不嚴肅的態度。

這樣的人，做事不見得能做到完美，但永遠都能把事情做完做好；他做人不見得最是成功，但他永遠不會得罪人，甚至反而可以得到大家的幫忙配合，還有發自內心的尊重與感謝。

我從不曾見過加分的身上，出現任何名牌衣物或飾品，也沒聽說她跟誰一起出去唱歌、逛街，甚至在班上，除了于小豬她們那一掛之外，加分也從不曾特別去主動親近哪一群人。她不獻殷勤、不攀談客套，可是很奇特地，班上有任何食物，大家都知道要留給加分一份，要推舉一位值得信賴的工作人選，每個人不約而同都舉薦她，連大家吃便當時，剩下的肉骨頭都不會亂丟，他們說要蒐集起來，因為加分的家裡有養狗——我不相信全班同學都認識加分的狗，但我知道大家這樣做的緣故，是因為這是日常生活中，最能回報加分的方式。

後來每個學期，加分幾乎再也沒有哪一科是被當的，即使結算的成績可能只有五十幾分，老師們也會露出欣慰的微笑，

筆尖輕輕地在成績冊上，為她落下一個「60」，那是師長們唯一可以回饋她整學期辛勞的方式，而我跟加分認識幾年，咱們比較熟一點，我知道她沒吃零食會很痛苦，所以抽屜裡永遠都準備好糖果或餅乾，那主要其實是留給加分的。

塑造一個這樣的陳加分，雖然是無心插柳的結果，但我一直相信，每個人都會有一條自己的路，你可以承認自己有一百種不如別人的地方，但只要你找到一個屬於自己、無可取代的位置，你就是絕對的存在，就是獨一無二的。對我來說，加分就是一個這樣的人物。

我在想，要說三年來，有誰為這個班級付出最多，讓大家都「欠」下人情的話，那這個人選肯定不是我，甚至連我都會投一票給陳加分。但已經如此完美的陳加分，她有沒有欠別人呢？其實也有，而且那個人就是我。

已經被貼上「熱心助人，勤謹奉獻」這八字標籤，勞苦功高到足以被豎立銅像，永遠擺在幼保三教室門口，供大家致敬景仰的陳加分，其實還有一個特色，就是當任何人託她辦事時，她不知是哪裡來的天分，總知道事情不能白做，因此都會伸出手掌，用大舌頭的聲調，隨口給你一句：「好啊，一百塊！」

可想而知，從以前到現在，沒有人真的付過錢，大家總是

樂笑開懷，卻照樣把作業或週記丟給她；加分也不是真心想收錢，那或許是她從小到大所養成的口頭禪吧，這句「一百塊」，就是她的正字標記。不過我有點好奇，如果哪天她這樣伸手要錢，真的有人掏出鈔票，她會不會大方收下？

　　全班那麼多人，天天都有人找她交作業或各種單據，她也天天跟別人要錢，而且要得理直氣壯，但唯獨只有遇到我，她會顯得心虛許多，因為曾有一次，我不耐煩於她來找我回報事情時的囉唆，所以反過來，我說：「聽妳雜七雜八講半天，卻講不出什麼重點，浪費我那麼多時間，這個損失妳要賠償，我算妳二十萬就好；另外，妳現在要跟我借印章去蓋教室日誌，這個得收五萬、早上點名板我還要撥空幫妳簽名，那個也五萬；還有，我剛剛去看外掃區，玻璃擦得不夠乾淨，玻璃好像是妳負責的吧？那順便再罰五萬……」那天零零總總加起來，陳加分欠了我大概七、八十萬。

　　從此以後，她每次跟我伸手要的「一百塊」，都只能用來償還巨額欠債，而我相信她欠到畢業為止也還不完。

　　我不是了不起的教育家，但好歹曾經當過一個很稱職的爛學生，完全可以明白那種成績落後、排名吊車尾的孩子，到底會有多麼挫折與沮喪，當年，沒有什麼老師來告訴我，究竟自

信應該怎麼找，所以我迷惘也墮落，費盡心思想要混過所有與學校有關的一切，這樣的心情，我不想在自己當了老師之後，在我班上又重現。

加分不是個課業上與人一較長短的學霸人物，就算老師閉著眼睛狂加分，加分也不會加到六十分。所以，人不需要逼著自己，去做你絕對做不來的事，比起在絕境中自我折磨，你不如更用心去體驗生活，從中找到真正屬於你的專長或特質。分數可以用來評定你學習的成果，但它從來也不能代表你的人格或人生價值。

我們家的加分，雖然沒有太多職場經驗，但她當得起「事無大小，鉅細靡遺」八個字，尋常工作的總務或廠務，我相信她已經做好準備，再過幾個月，拿到畢業證書後，就能輕鬆就業，勝任這類工作了。

那種大明星的短暫華麗，或一呼百應的英雄領袖，這些都不是加分所擅長的工作，但她在自己拿手的領域中，卻有數十年如一日的得心應手，然後她賺了錢，再來還我那幾十萬就好。

27

你可以永遠當個
不引人注目的安逸配角，
但除了你以外可能再也
沒有人認識你。

當你踏進職場後，將會遭遇比學校更加險惡，也更加艱難的處境，你會被逼著去鬥爭、與人斡旋，你要學會追打敵人或暫時屈伏，而最終，是老師希望你在歷練一切後，還能不失本心，繼續活出個人樣。

這裡很重要，但不會考

一個三十幾人的班級當中，當然免不了會出現小團體或小圈圈，這些不同族群，各有不同的形成背景，有些是出身於同一所國中的舊同學，他們到了高中，又待在同一班，很容易聚成一團，延續當年的情誼；有些具有地域性的背景，例如我們科上有一群來自桃園八德區的學生，他們不分年級，儼然就是一個極為活躍的「八德幫」，除此之外，還有許多原住民學生，他們未必同族，但因為都有原民血統，所以也更能玩在一起。

　　無論哪一種原因使然，也不管老師支持或反對，總而言之，小團體自然會形成，團體之間可能合作，可能壁壘分明，有時甚至會出現排他性，要如何居中協調，並適時拉拔或壓抑他們的勢力，就變成老師的重要課題。

　　記得好多年前，剛從士官班結訓，下放到一線單位去帶兵後不久，適逢長官來訪視，探詢新士官們的適應問題。長官說，大部分的新士官，在法律常識（海岸巡防署的士官還兼具司法警察身分）、戰技或執勤技巧等方面，通常不會有太大問題，會讓新士官最煎熬的，往往都出在領導統馭方面。

　　我那時搖搖頭，說自己並沒有這方面的不適感，只覺得一切似乎也都還頗為順利。而今想想，或許我也不是真有什麼領導統御的天分，可能只是打小愛看三國，孫、劉、曹三家的領

導風格，或多或少都學了點，揉成一團之後，就能針對不同的學生或學生族群，施以不同的對待方式，有時拉抬這一群，有時打壓那一群，讓各方勢力維持平衡，並適當表現所長，然後班務就能進行得很順利。

有時我會把這些小技巧，斟酌著對某些也具領導能力的學生透露，甚至讓他們練習著冷眼旁觀，看看老師是如何操控這一切。老師不是想教你在人際關係中使詐，但你應該明白，學校既然是社會的縮影，就表示當你踏進職場後，將會遭遇比學校更加險惡，也更加艱難的處境，屆時，國文、英文或數學的知識，恐怕都派不上用場，你會被逼著去鬥爭，被逼著去與人斡旋，你要學會追打敵人或暫時屈伏，而最終的目的，是老師希望你在歷練一切後，還能不失本心，繼續活出個人樣。

好了，話說得遠了。我想聊的其實不是這些團體競爭的故事，而是想提提另一個有趣的人物。她不是哪個圈圈的領導人，在班上一點也不出鋒頭，大多數時候，我每天叫她名字，只跟她說這麼幾句話，「花盆澆水沒？」或「飲水機上面有垃圾，

去收拾收拾！」再不然就是放學前，我說：「去我座位那邊拿手機，發給大家。」

這世上，有些人習慣站在聚光燈下，呼吸著掌聲與目光過活，他們注定要叱吒風雲，成為主宰世道的佼佼者，但世上不可能每個人都是佼佼者，如果無人追隨，這些佼佼者只怕承受不了兩天的孤芳自賞，很快就會鬱鬱而終。

因此，比佼佼者更重要的，其實是那些紅花之外，能陪襯、烘托別人的綠葉之才，他們乍看平庸，卻比任何人都更懂得表現平庸，而且在平庸當中，獲得真正的安寧與平靜，這種人雖然有違國父（還是蔣公）說的「要立志做大事」的勉訓，但他們卻是最幸福的。

她就是這麼一號人物，她在「領導統御」的架構表中，幾乎不會被看見，但沒有她，領導統御就變得一點意義也沒有，因為她是那個被領導統御的人，她是金魚。

要論容貌，金魚不算具備搶眼的外表；要說身材，金魚個子挺小一隻，升旗隊伍永遠都在排尾；那說起成績吧，很遺憾，你可能得從後半段的名次找起；她甚至也不像加分，能一手掌握全班許多大小瑣碎，宰制得井井有條。兩年多來，我好像不記得金魚曾有什麼獨當一面，負責哪項任務的時候，唯一一次，

是我好幾次找不到一個班上的幹部，一怒之下，當場下令撤換，然後把職缺直接丟給金魚，讓她擔任該項業務，但說真的，那一定是個不重要的工作，因為我現在連那到底是個什麼股長都想不起來。

大多數時候，金魚都跟在貢丸妹旁邊，除了負責教室內外不同打掃區域外，她們幾乎形影不離，乍看之下，儼然就是一對相依為命的姊妹，但如果更仔細瞧瞧，就會發現她們之間依然主從有別，而且落差甚大，那個走在前面，不時突發奇想，經常扮演主導角色的，十有八九都是貢丸妹，而經常被使喚來去，或跟著瞎起鬨的，則通常都是金魚。

若在平常，金魚像個跟班一樣，陪著去買東西、上廁所、交作業等等，我也不會想要干涉什麼，畢竟每個人都有在友情中的適當位置，她如果甘之如飴，我們又能多說什麼呢？但除此之外，連貢丸妹要出去約會，金魚都隨侍在側，當一個莫名其妙的電燈泡時，我就會有點看不下去，忍不住調侃她，是不是在人家濃情密意時，她可以三百六十度環景觀賞，而且還有最佳杜比音效？否則她到底在這種場合當中，跟著去幹什麼？難道連看人家恩愛，都要這麼講究臨場感嗎？

當一個稱職的綠葉，除了要善於陪襯，最重要的，是該拿

捏場合，有些你該盡力襯托主角的場合，你要努力地「綠」，但就像一個偌大的交響樂團，當某種樂器正在獨奏的時候，其他陪襯的聲音就應該消失，不能在那兒礙眼或煞風景，甚至還造成干擾。**如果你連自己何時應該消失，都還搞不清楚，那你其實就算不上是一抹稱職的綠葉。**

　　我曾跟金魚提醒過這些，她好像有聽懂，又好像帶點茫然，倒是貢丸妹很自豪地告訴我，她說無論去到哪裡，或者跟誰出去約會，她都不會介意有金魚隨侍在側，因為金魚就是她最好的「僕人」。說著，她還問金魚：「金魚，妳說對不對？」

　　我那時在腦海中閃過一個畫面，畫面呈現的是金魚可能會一巴掌揮過去，罵句髒話，說「誰是你他Ｘ的僕人」之類；然後我很快又有另一個畫面，就是金魚要單膝跪地，恭謹從命地說「謹遵娘娘懿旨」或「恭領小主教誨」……

　　結果我的想像全都錯了，金魚不卑不亢，她只是咧開憨憨的笑容，不停呵呵笑著，一點抗拒或從命的表現都沒有，再然後，就是貢丸妹忽然尿急，叫金魚陪她去廁所，她們一前一後，一個意氣風發，一個唯唯諾諾，一起走出了辦公室。

　　我不禁搖頭苦笑，也算是真正領會了什麼叫做「一個願打，一個願挨」的道理，那個「打人」的，享受了高高在上的領導

優越感，她有一個永遠追隨在後的「忠僕」，可以陪她天涯海角；另一個「捱打」的，她省下了多少需要盤算的麻煩心思，也不太有選擇上的煩惱，因為她的「主人」都已經安排妥當，直接替她做下決定，所以金魚樂得輕鬆，只需要乖乖追隨貢丸妹就好。

像這樣的組合，在我的班級中非常少見。大多數的小團體裡面，每個人或多或少都還有一點自主權，唯獨就只有貢丸妹跟金魚這一對，是非常穩固的主僕關係，也因此，比起江寶、于小豬等這幾個小團體的老大，雖然貢丸妹這邊顯得勢單力薄，但她卻最能享受「單星拱月」的愉悅感。

看著她們如此堅固，彷彿誰都無法撼動的組合方式，我偶爾會嘮叨一下貢丸妹，提醒她要節制自己的控制欲，不能老是把同學當成丫環使喚，要學著尊重別人的自主權，然而再轉頭看看又是一臉憨笑，在等待主人幫她決定未來的金魚，我就覺得自己說什麼都是多餘的，說不定金魚的內心深處，還深深覺得能被貢丸妹這樣控制，是一件很幸福的事情也說不定？

所以我就嘆氣了，心裡在想，**當一個小配角的最大好處，是你永遠不會讓自己站在風頭浪尖上，任何天塌下來的大事，全都跟你無關，因為天不是你弄塌的，也輪不到你一肩扛起補**

天的重責大任，一切困難，都有你老大在前面扛著，這就是典型的「老二哲學」；但配角的壞處，則是除了你自己之外，不太有人會認識你，就像地理課本讀了十幾年，你知道第二高峰是哪一座嗎？

我們可以大半輩子，都信奉著「老二哲學」，平平靜靜、無風無雨的生活，可是終此一生，難道你不打算為自己狠狠活一次，當一次自己的主角嗎？

情人節那天，放學前，貢丸妹在盤算著要去哪裡玩，她說要約一個帥哥出來唱歌，金魚也喜孜孜點頭，兩個人吱吱喳喳，一副歡天喜地的模樣。我看著有點感慨，很想問金魚，近距離去欣賞主角的故事，固然是挺有臨場感的趣味，但與其永遠都在旁邊，當一個加油打氣，甚至搖旗吶喊的配角，那你幹嘛不試著，也在自己的生命中，為自己領銜主演一回呢？

28

運氣與天賦，無法永遠支撐著你的世界，你總得有一次是「真的準備好了」的。

在你行有餘力的時候，別忘了多給別人一點機會，看著他人的成就，那種滿足感，會遠勝於你自己站在聚光燈下，而且更重要的是，你會獲得很多友誼，少掉很多因競爭而產生的敵人。

這裡很重要，但不會考

每個班上都會有些奇葩，他們有的身懷絕技，有的天賦異稟，有的則永遠格外好運，還順便滿是喜感。教書幾年，在各科各班上，總能遇上幾個這樣的學生，但很少有人能夠上述諸般特長兼具，融許多特點於一身，像這樣奇葩中的奇葩，我只見過一個，而且就在我班上，她叫做范帥。

　　除了高一那年，因為校內抽菸被逮，捱了一記小過之外，范帥大概沒遭遇過什麼真正的困難，她告別了無聊的國中生活後，來到咱們這兒，簡直如魚得水。看著她在練舞時，那種極具韻律感，又帶著諧星風格的獨特舞步，還有她臉上洋溢的笑容，很難想像她國中時到底有多抗拒上學，弄到最後，竟連一紙國中畢業證書都拿不到。

　　在這兒，她是黑光劇的主要演員之一，是許多招生活動的擔綱要角，還有許許多多需要登台獻藝時，我們揀擇角色的不二首選；我好像從來沒看過范帥怯場，也沒見過她猶疑或畏懼，任何別人會害羞或膽卻的事情，范帥總是胸口一拍，大大方方上前，而且從來不曾失手，每每都能達到要求，甚至還猶有餘裕，可以幫著補救別人的過失。

　　唯二她辦不成的只有兩件事，其一是維持正常的出席率，其二是維持一個好看的學科成績。

范帥出身於單親家庭，國中就在夜市上班，個性豪爽的她，總是維持一身帥氣，短短的頭髮，籃球場上矯健的身手，無處不散發迷人的風采。身為「八德幫」的重要成員之一，她入學後，陸陸續續把她的「晚輩」們全都介紹來到這所學校，搞得這兒好像是八德同鄉會一樣，從而也讓她更如魚得水，在學校裡幾乎無人不識。

　　但正因為過於熱絡活躍的人際關係，再加上要為了生活，范帥的出席率始終拉不起來，每個學期都在「三一」的全科重修邊緣，以一種極為驚險的姿態低空飛過。而她之所以可以僥倖過關，其實也跟老師們看在她太多優異表現的份上，忍不住高高提起，又給她輕輕放下，我相信每次期末成績的評打時，跟我一樣心虛地寫一個「60」給范帥的老師，一定不只我一個。

　　但如果仔細想想，其實就會發現，因為出席率過低，許多比賽或活動，范帥的練習次數都是最少的，那些舞步或動作，乃至於很多事情的操作步驟，范帥都比別人還要生疏許多，怎麼她卻還能應付裕如，甚至起了帶領作用呢？

　　我常常這樣想，或許這就是上天的眷顧吧，老天爺給你一個不太完美的原生家庭，看似逼著你墜落谷底，卻偷偷地又塞給你一些天賦、一些運氣，許多人終其一生都沒有發現過自己

還有這樣的潛能，可能在太多的誘惑中，逐漸迷失了自我，這是一種損失，一種可惜，卻同時也是教育者的一種罪過。

范帥在這所高中，遇到我們這些老師，即使算不上是多幸運，但至少我們可以稍微更寬容一點，盡量迴避開那些她所不能承受的壓力，比如讀書考試，卻在她所擅長的方面，給予更多的發揮空間。

於是那個國中成績有夠爛的小孩，上了高中，就拿到全國學生創意戲劇比賽的特優、每個學期都有無數的小功或嘉獎，每次要唱歌跳舞或演戲，即使你知道那孩子的出席率不是很好，可能無法按時前來彩排或練習，但你就是捨不得放棄，會盡量多留一個位置給她——有時你並不是貪圖她可能在台上會有多大的好表現，能夠為你或為學校爭光，你只是知道，這孩子需要一個舞台，來證明她自己的價值，而你剛好給得起那個舞台。

我有時會試著提醒學生，尤其是即將進入職場的這些三年級的孩子：未來，在你行有餘力的時候，別忘了多給別人一點機會，當你有能力去塑造、去培養，或者去幫助別人時，看著他人的成就，那種滿足感，會遠勝於你自己站在聚光燈下，而且更重要的是，你會獲得很多友誼，少掉很多因競爭而產生的敵人。

所以即便我都知道，范帥這小孩依然還有很多不符合校規

的偷雞摸狗，但我盡量不過度計較，畢竟她確實也夠低調、夠謹慎，而且深諳「伸手不打笑臉人」的社會潛規則，所以總能在各種劣勢中，穩穩站住腳步，就這樣一路來到高中畢業前夕。

畢業製作在即，范帥當仁不讓地又站上前來，有別於江寶擅長的幕後策畫與舞蹈能力，范帥要跟貢丸妹一起登台，擔任台詞最多的主角演員。

看著她在演練，我心中就想，這種人該是上輩子燒了多少好香，才讓老天爺如此眷顧，他們好像永遠都能在還沒準備好的情況下，演出一副很有準備的精采表現，不但看來自信滿滿，而且反應過人，讓我佩服不已，哪怕只是臨時抱佛腳，她都能夠臨陣不亂，一切不著痕跡，像是信手拈來在揮灑一般。

只是，我轉念卻又擔心，在一個社會縮影的小框架中，靠著天賦或運氣，固然能夠關關難過關關過；在一個同溫層的環境中，這些天賦與運氣，已經足夠你撐起一片天，但未來呢？當哪天走出校園，在更具競爭力，也更加無情的社會中，你會遇到更難應對的大場面，屆時，別說是成全或幫助別人了，就是你自己要粉墨登場時，會不會有招架不住的一天？

像范帥這樣的孩子很多，但能走運的卻很少，更多人都在後來的大場面中耗盡天賦與運氣，終於沉淪成前仆後繼的失敗者。

我希望自己純粹只是多慮，畢竟范帥雖然名義上是學生，但也已經有好幾年的打工經驗，她應該已經非常習慣大環境中的冷酷嗜血，一路走闖過那個適者生存的磨難後，她確實比其他同學更加練達與圓融，只是問題又來了：**在一個以出賣勞力為主的職場中，你固然可以仗著年輕，去與他人一較高下，但總有一天你會老，會走到一個更需要用頭腦的時候，如果你不適時讓自己的腦子，隨著時間前進而慢慢充實，到時候，光憑天賦或運氣，還夠支撐世界嗎？**

　　身為一個老師，我對范帥這樣的孩子，終究還是心軟的，畢竟她再怎麼優秀，但終究也只是個高三學生，所以我很難逼著她去思考這些問題，只能像個老太婆一樣叨叨念念，不時提醒她該早點睡、要盡量準時上學，就算她能靠著臨陣磨槍，闖過高中三年的難關，但還是希望她可以稍稍地、盡量地、拜託幫個忙地，多給自己一點底子的累積，以免將來遇到真的無法跨越的關卡時，會無法成為更好的自己。

　　范帥，答應我，好嗎？我知道妳一皮天下無難事，什麼麻煩都能死皮賴臉給我混過去，就算差強人意，大家也不好過分苛責妳，但我更想問的是：Ｘ的到底哪天妳才要真的準備好，不用每次都讓我提心吊膽呢？

29

老師，
我們不是愛喝酒，
我們也沒有很懶散。

用你的族語，將屬於你們的歌謠，很勇敢也很
熱情地唱給這世界聽，讓那些從不曾認識過
你們的人，明白原住民不是只有豐年祭而已，
這樣就好了。

這裡很重要，但不會考

認識木工科的阿章也兩三年了，頭一回看到他在國文課中，雙眼如若有光的樣子，還真是讓人欣慰至極。不過遺憾的是，他並非因為國文老師在講解五四運動與新詩歷史的遷衍時，感到多大興趣的緣故（事實上我也知道這內容無聊得緊）。

　　他坐在教室最後一排，難得清醒，還睜大雙眼，不錯過一字一句所仔細聆聽的，只是我在岔題又岔題之後的小小環節——當時我們正談到瓦歷斯‧諾幹的詩作，大多在關懷原住民文化，而原住民文化，又往往與歌謠或傳說故事有關；然而歌謠與傳說，卻經常因為缺乏文字而佚失；偏偏還在佚失之後，再遇上市儈又荒唐的統治政權……所以本該屬於部落的許多慶典，就此變成鏡頭前面「來，笑一個！」的觀光名目。

　　促進觀光，讓文化節慶成為一種商業資產，乍看之下，似乎是振興部落經濟的好方法，但在一堆觀光客的注目下，你家連好好吃頓飯都是問題，換作是漢人吧，你家連清明祭祖或中秋賞月，旁邊都有一堆攝影機在拍，還有記者在關心你手上那塊月餅的口味，那是什麼感覺？

　　我這樣問學生，學生眾口一詞地告訴我，他們覺得這非常智障，除了愚蠢還是愚蠢。

　　聽著大家哄笑，阿章一開始還沒有很理解我的意思，他也

不是很關心詩人是如何書寫的，直到當我再度岔題，說起一次到他們桃園復興的深山中，那人煙稀少的部落去家訪的遭遇，他才開始被話題所吸引。那次我家訪的對象，就是部落中那所小學門口邊的雜貨店——店家的么女是我們班的班長，她跟阿章也是從小認識的「老朋友」。

　　我說我非常嚮往部落生活，倘若這所深山小學還有教師缺額，我也會樂於前往任教，甚至就住在部落中，因為這完全符合現代人「錢多、事少、離家近」的就業理想。說著，我問問大家，有沒有誰，打算將來也回自己的部落去服務。阿章搖搖頭，他說年輕人才不要留在山中，真不愧是十幾歲的少年，比起山豬跟松鼠，他更喜歡西門町的霓虹。

　　於是我們再岔題，又聊起了都市裡的原住民，聊起為何有些原住民走進都市後，卻總不經意地，學會了掩藏自己的本來面目？更談到時至今日，還有許多人對原住民貼著「好酒貪杯」、「懶散頹廢」的標籤的原因。

　　阿章那時皺著眉頭，身為泰雅族的男子漢，他眼裡有抗議的光。我說倒也不用急於反對，問他有沒有接受過各種政府補貼的好處，比如每年兩次的伙食費，比如考試成績的降低標準，而他點頭。

然後我說：「既然如此，那你有表現得比一般人更優秀嗎？如果沒有，那提供給你這些優惠的，可都是沒享受過這些好處的一般納稅人，他們就這樣把錢繳給了政府，政府又撥到你的私人戶頭裡，但你卻沒有做過任何造福這社會的事情，那麼，你又憑什麼希望他們投射過來的，會是友善的目光呢？」

　　我告訴阿章，要嘛你發明了壽命更長的燈泡，或更高端的AI智慧，再不，你少製造一點不能分解的塑膠垃圾，那都是對社會的一點貢獻，倘若連這些都做不到，卻在國文課中永遠醒不過來……我對阿章說，也告訴班上其他的原住民學生：過去歷史中，那些曾經的殖民或壓迫，我們固然不能遺忘，但那些因為歷史而來的負面標籤，你們的上一代或上上一代，已經終其一生都撕不下來了，你們這一代難道還打算坦然接受，繼續繼承嗎？新一代的原住民孩子該發揚光大的，是真正屬於你們的原民文化，而不是那些負面印象呀。

　　無論是阿章或他們那一掛的其他原住民學生，大多都很有禮貌，每次在校園中遇見，都會規規矩矩問好，不過這樣的畫面，往往只出現在早上十點之後，因為在那之前，阿章他們要嘛還在家，要嘛在學校附近的早餐店，再不然可能就是騎著機車，正在四處晃蕩。

關於無照駕駛的問題，在本校始終是個難以強制，無法斷然禁止的矛盾，因為有太多學生，都來自偌大的復興鄉山區，他們若想趕搭校車，有些只怕天色未亮就得翻山越嶺，而且還未必能趕得上，所以家長通常會允許孩子，大約國中時候，就開始學騎機車，一者方便就學，再者也能幫家裡跑腿做事。

不說別人，我就在學校附近的窄巷中，遇過很多次阿章他們騎機車經過，而這些小孩也挺可愛，明明無照駕駛，但他們放慢速度，接近時還掀開安全帽的罩子，露出臉來，一邊騎一邊大聲問好，害我哭笑不得，不知道該誇他們有禮貌，還是說他們真的傻得可以。

從高一到高三，阿章幾乎全都在國文科卡關，一路被我死當到底，原因無他，要嘛作業不交，要嘛考試亂考，再不就是缺曠過多，我想放水都放不過去，但這當下，他卻難得清醒，還用一種我從所未見的認真表情，告訴我：「老師，我們不是愛喝酒，也沒有很懶散，我們只是比較愛玩，比較不喜歡讀書而已。」

我點點頭，表示明白，也十分能夠理解，並且告訴他們，老師從小在南投埔里長大，我所認識的朋友當中，原住民大概占了三成以上，因此我會比其他來自都市的老師，更能夠了解

他們。

　　在這一所原住民佔總學生數將近一半的小高中裡，大家都明白：活在山中的原住民，山就是你們的一切，你們愛著與山有關的生活，而那是一種不需要匆忙或緊繃的生活，在閒暇之餘，喝杯小酒、唱唱屬於你們的歌謠，那是天經地義的事。然而很遺憾的是，文化或歷史的解釋權，現在並不掌握在你族人的手上，因此，別人對於你的看法，只是依據你所展現出來生活樣貌，他們不明白，可能也不想真正去明白，究竟你們所秉持的生活態度是什麼，而這中間所產生的誤會，長期下來就變成一種撕不掉的標籤，在原住民的身上，一貼就是兩百年。

　　談到這個，老師的話匣子忽然開了，我說，無論過去的歷史是怎樣，又或者當年的國家政策究竟是如何制定的，總而言之，中華民國政府現在每年都照樣給予原住民學生各項補助。我提醒阿章，這些補助，你可以當作是天上掉下來的恩惠，但錢拿在手上時，或許也可以想想，這補助的意義是什麼？它是不是改善了你的生活，卻同時也降低了你的自尊？

　　我看看阿章，看看木工科這幾個國文從來沒有及格過的孩子，若論木工手藝，他們絲毫不亞於漢人學生，有些甚至還別具創意，更凌駕一般人之上。我說身為老師，我們客觀看待所

有學生，具體去了解他們的家庭背景，確實都能體會，原住民家庭有很多父母，都在山上辛苦工作，家境較為艱難，所以政府予以伙食補助費的優遇，這挺合情合理；但撇開這方面不談，我問他們：你們覺得自己的智力發育，真的不如人嗎？原住民跟漢人的孩子都一樣，課本不會比較薄，聽課時間一樣長，甚至，回家之後也一樣不太愛讀書，所以大家考出來的分數都一樣高低，但為什麼只因為血統的緣故，原住民就可以享受低分就及格，或加分上大學的好處？

更諷刺的是，當一個來自單親家庭的孩子，他扶養權歸給父親，姓名也從父姓（我們假設父親是漢人）的時候，政府居然就自動刪去他的原住民身分，在法律上直接斬斷他的原民血脈了（因為他的母親才是原住民），這難道不是一種荒謬嗎？

所以我放下課本，對阿章說，你可以喝點小酒，可以維持你樂天的個性，甚至，也可以繼續不愛唸書，但有時你必須想想，這些補助的背後，會不會反而象徵著歧視？如果你認為「是」，那以後你是否希望你的孩子，至少在課業的評分標準上，能跟別人平起平坐？就算標準提高了、難度增加了，但你們可以抬頭挺胸，告訴全世界：我們原住民就算生活比較清苦，但我們沒有忽略孩子的教育，也沒有資質不如人的缺陷，我們

不需要靠著這種福利，才能在社會上搶一席之地。

　　那時阿章沉默了，這個聰明的孩子，似乎聽明白了我的意思。幾分鐘前，原本還因為一首新詩，興高采烈地跟我聊著山豬、小米酒與松鼠的他，那副神情像是陡然間長大了一般，很認真嚴肅的眼光，彷彿在問我一個未來的方向。

　　可惜，我既不是先知，也不是長老，我不過是個小小的國文老師而已，於是我說：「這些問題，你可以慢慢想，想不想得通都無所謂，況且，老師說的只是一種觀點，這觀點也許與你不同，所以你即使不接受，我也不會勉強你。至於現在，你們就用力唱吧，用你的族語，將屬於你們的歌謠，很勇敢也很熱情地唱給這世界聽，讓那些從不曾認識過你們的人，明白原住民不是只有豐年祭而已，這樣就好了。」頓了一下，我特別強調，「但你要記得，你的歌聲是為了你的部落，你的文化而唱，不是唱給架設在旁邊的攝影機跟記者聽的，知道嗎？」那瞬間，他們都笑了。

　　我這時忽然想起來，自己應該在下課前一分鐘，趕緊拉回今天的課程主題，我們不是在談現代詩嗎？不是正在講解瓦歷斯・諾幹的作品嗎？於是我學著詩作中的口吻，對阿章下個結論：「無論你將來會在哪裡，也許回到部落的森林中，也許融

入都會的霓虹裡，都別忘了你血液中有值得驕傲的靈魂，你是泰雅族人，是被神聖的希立克鳥所守護的民族，要像山一樣強壯與勇敢。」然後他們就非常崇拜我，因為老師居然連泰雅族的希立克鳥的傳說故事都知道，這讓我又賺到一次小小的虛榮。

下課鐘響，已經是一天要結束前的打掃時間，拎著課本，瀟灑走出教室前，我回頭告訴阿章，原本他欠我一篇「我對 AI 時代的看法」的破爛作文題目就甭寫了，「『你好，松鼠小姐與山豬先生』，你就寫這篇吧？」第一次，阿章沒有哭喪著臉，他充滿驕傲地點點頭，準備書寫他的家鄉和朋友的故事。

30

有些人一直靠北你，
那是因為靠北的話，
比較容易被你記得。

人只有在滿嘴髒話的時候，言談
才有比較高的真實性，這是科學
研究已經證明過的。

這裡很重要，但不會考

我以前並不是多麼乖巧的好學生，跟老師也絕對算不上熟絡，高中畢業迄今二十年，當年電機科裡的老師，儘管容貌還略有印象，但名字幾乎全都忘光，更不記得他們曾對我說過什麼。

　　唯一沒忘的，只有高一那年，當時的班導師知道我對寫作有興趣，曾提醒我，他說「文人無行」，要我多留意自己的品德，結果我高一上學期沒讀完，就已經被判「留校察看」，差點被轟出校門。相隔二十年後的現在，那四個字我沒忘，但老師的長相、姓名，我已經半點記憶都不剩。

　　前兩年應台中高工電機科科主任（不小心說出了我母校的大名，還順便炫耀一下，現任的科主任可是我當年的同班同學）之邀，回到母校演講，我高二那年的班導師，赫然就是座上賓，他現在已經是全校最資深的老師，坐在場中，聚精會神地聽我說話。

　　那時我心中忐忑不已，掌心微微冒汗，許多本以為早已消散的記憶畫面，忽然全都湧了上來，這位現在看來慈眉善目的陳老師，就是當年鷹視狼顧，銳氣四射，讓人（其實只有我們這種壞學生）避之唯恐不及的超級大魔王。

　　當演講結束後，跟陳老師對坐閒談，他說自己現在在學校，

是學生們非常敬愛的「爺爺」，我有些難以置信，鼓起勇氣說：「老師，您當年好像沒有這麼慈祥耶，我記得我有兩支小過，就是您送給我的。」

他老人家笑呵呵地，儼然就是一副安西教練的模樣，跟我說：「那不一樣，以前我還年輕，對你們像是對自己兒子，對自己兒子還有什麼好客氣的？但現在這些學生，都可以當我孫子了，阿公疼孫子，不是很理所當然嗎？」我想想也對，怪只怪自己早生了二十年，不然就可以省下兩支小過了。

那天演講後，我沒有拿走一釐一毫的費用，全都捐回給學校，因為在校園中漫步，回味青春時光時，我不停想起來，自己曾經砸破過哪一面窗戶，或踹壞哪一扇門板，這些賠償金我全都沒付過，一欠欠了幾十年，就算當年沒人發現，但自己總會記得。現在總算能有機會，可以彌補當年的過失，好像也是一種贖罪的感覺。

我已經想不起來，陳老師可曾跟我說過什麼值得珍藏一生的至理名言，所以也就會想，那我是否留給自己的學生們，什麼足堪反覆咀嚼的話語呢？對於那些能跟老師長年友好，能恬著一些諄諄教誨的學生，我總是感到羨慕，有時候老師講的，未必是什麼金玉良言，但只要能說到孩子的心坎裡，通常就夠

他們一生受用。

　　我總認為，當一個老師或長輩，謹言慎行固然重要，但也不需要扛著「立言」的大旗，努力斟言酌語，老是惺惺作態；至於學生或晚輩，更不用把前人的話語全都刻骨銘心不忘，有時候，幾句扯淡打屁的鬼話，可能更會讓你受用不盡，而這無關內容，純粹只是一個頻率或磁場，或者單純只是緣分的巧合，老師剛好講了，你也剛好記得了，這樣也就夠了。

　　所以，多去跟你的師長聊天吧！別抱著請益的態度，你那麼認真的表情，只會讓老師覺得壓力很大而已，你該做的，只是找他哈拉幾句，問些不著邊際的問題，最好還順便聽他罵幾句髒話，這樣就可以了——人只有在滿嘴髒話的時候，言談才有比較高的真實性，這是科學研究已經證明過的。

　　因此，在高三即將邁向尾聲時，我興之所至地，給學生們出了一個題目，讓他們在我發下的便條紙上，寫下一句「你認為老師說過最靠北的話」。

　　孩子們面面相覷，他們本以為便條紙上會需要寫點英文單

字或字音字形之類，不料老師居然出了一道這樣的難題，在一陣窸窸窣窣之後，竟沒人敢大膽動筆，逼得我只好附加一條但書：「恕你們無罪，不管寫什麼都可以，保證事後不追究。」

看著他們半信半疑，但終於還是努力搜尋記憶，並乖乖書寫的模樣，我只覺得非常好笑，而十分鐘後，當大家都寫完，我收回來一看，果然看得我哈哈大笑。

很多人都記得，老師曾經提醒過大家「伸頭是一刀，縮頭也是一刀，孔子有說『做人要甘願』」，也有人記得，當每次集合，隊伍走得零零落落，老師就儼然是新訓中心的班長魂又上身，會吼著「大嬸逛街是不是，不會排隊嗎？」然後，當隊伍到了體育館，小女生們總愛互相預留座位，因此排排座椅中，總是東落一個洞，西落一個坑，那麼老師又會罵「補滿不會嗎？留個座位給我坐是不是？」

這三年來，老師靠北的話有很多，比如兔子就記得，她連紙捲都捲不好那天，我瞅著她問：「除了會讀書，妳還會什麼？」美咩也記得她那天哭哭啼啼，卻照樣被老師要求許多生活規範：「那是因為妳還有救！這輩子想當一個有救的人，還是一灘爛泥，妳可以自己選！」

至於當了三年衛生股長，帶領大家，獲得無數整潔比賽冠

軍的于小豬，她記得的內容也挺趣味，她那張紙上寫的是「整潔第一名有什麼了不起？你們的對手也不過是一群不會拿掃把的殘廢而已！」我笑彎了腰，忍不住懷疑，自己是否真的曾經罵過這樣的話，這兩句要是傳出去，我得罪的可就是全校其他班級的師生了啊！

我一篇一篇看，也一點又一點地笑，有很多過往的故事，早就隨著一張又一張用過的點名單，慢慢堆積、塵封在時光的角落中，不復記憶，然而因為他們都還記得，所以逼得我在這當下又逐一回想起來，甚至，我忍不住開始統計，到底他們認為老師最靠北的一句話是什麼？

最後我發現，得票數最高的，居然是每次寒、暑假的結業式當天，我們班在解散前，大家一定會舉手高呼的口號。每回我都大聲喝問：「放完假之後，你們要怎樣？」學生們會鼓足中氣，忍著被全校恥笑的無奈，扯著嗓子大喊：「活著回來！」然後我才滿意點頭，告訴大家：「很好，你們可以放暑（寒）假了。」

其實我不太知道，這句「活著回來」到底靠北在哪裡，因為當我跟他們一起對呼口號時，其實我是無比嚴肅，而且非常認真的。所有年紀稍長的人都知道，機車騎士的年紀，往往跟

他們行駛的車速成反比，年紀愈小，速度總是愈快，而我們最怕聽到的，就是又有學生因為各種意外而離開的消息。任教近三年，每年都有我認識的學生，因為車禍事故而離開人世，我是由衷地，希望他們時時刻刻，都重視自己與他人的生命安全，「活著回來」四個字，代表的是我最深摯也最恭謹的期盼。

幸好他們真的有記得這句話，每個學期之初，孩子們返校時，有些難免掛彩帶傷，但都是因為運動、打工或嬉鬧玩樂所致，少有因為交通意外而受傷的，直到第六個學期即將結束，這些人無一缺損，都還頭好壯壯，在我面前繼續耍笨耍寶。

這所高中，每一屆的畢業典禮，按照慣例，都會讓畢業班的老師一起，輪番錄製幾句祝福感言，其實我老早以前就準備好了，不管講什麼，最後一句，我都會在影片中問他們：「下次同學會，你們要怎樣？」而我知道，他們看著投影幕，一定會在畢業典禮的座位上，最後一次忍受全校師生與來賓的怪異眼光，齊聲大喊：「活著回來！」然後我就會點頭，說：「很好，你們可以畢業了。」

我將那疊寫滿大家認為最靠北的話的紙條，非常用心地收存起來，雖然不知道留著要幹嘛，但或許真的能在未來的某一天，當我們多年後又重聚時，我會再發給大家，問問他們，是

否依然覺得那句話很靠北？

　　孩子，我想讓你們明白的是：**每一句你覺得我很靠北的話，其實都是我想告訴你的道理**。也許這些道理都不是太重要，但它或多或少，總能幫你成為一個更上道，也更圓滿的人，只是，你們都知道，老師講話總是很靠北，這樣而已。況且，愈靠北的話，你總是記得愈清楚嘛，不是嗎？

　　無論是將來，又或者是現在，倘若你覺得那句話聽起來依然很靠北，那表示你還沒體會到這句話的意義；要是你覺得這一句已經不再靠北，那也沒關係，我會再給你千千萬萬句更靠北的話。

　　因為我是你老師，我靠北，是因為我愛你。

後記

我只想盡全力
幫你完成夢想。

若說這是我人生當中，一趟難以言喻的奇幻旅程，其實也並不為過。還在中文系的那幾年，跟每個同學一樣，我也曾考慮過教職，然而當時我對「老師」的刻板印象太過強烈，最終還是打退堂鼓，比起穩定的教員生活，我可能更適合也更喜歡自由自在的人生。

　　所以退伍之後的十多年裡，我不停轉換跑道，除了成為一個小說作者之外，我是半個詩人，是一個樂團的主唱，兼節奏吉他手，也兼寫歌；然後，我曾經是一家酒吧的老闆，也在路邊賣過西瓜汁、當過幾年文學營的講師，到了太無聊的時候，偶爾我還是兼職的國文與作文家教……

　　每每當我將這些八竿子打不著的經歷說出來時，聽者總是一副不可置信的表情，但當我告訴他們，我高中就讀的是全國技職名校──台中高工的電機科，卻在畢業後選擇重考，轉而踏進中文系，等退伍幾年後，又按捺不住日子的平淡，去唸了視覺傳達設計研究所，但畢業論文寫的卻是農業文化園區的行銷策略規劃，那麼大家就似乎比較能理解，他們會瞅著我，心中下一個定論，認為這個人大概是神經病。

　　若非當年有研究所的學姊相邀，我此時也許正從事著某種自己也不知道的工作，也可能還在賣西瓜汁，又或者我會繼續

寫作，怎麼也想不到，彷彿只是一轉眼的時光，一屆幼保科的學生，很快就要從我手中畢業。

但我常常攬鏡自照，心中依舊狐疑，怎麼，原來我竟已成了老師？那個當年我所熟悉的小說作者穹風或東燁呢？或者，那個酒吧老闆 Roy 呢？或者，樂團主唱呢？他們現在都不見了，只剩一個沒有長髮之後，非常平淡無奇的「游老師」而已。

所以我試著寫點東西，想記錄這三年來的一些故事，或許也能藉此機會，一者可以為那些曾受我荼毒的學生平反，並幫他們留下些許痕跡，再不也可以用來反覆提醒我自己，自己真的是個老師了，可能在某些形象問題上，我最好比以前更注意點，不能再輕浮浪蕩、不能再桀傲不馴，並且，也藉由這本書，我想跟年輕的你——很幸運地沒有掉到我手上來的你，聊聊另一種可能不同於你以往的老師們，所會給你的觀點。

我並不奢望，透過這麼一些簡易的文字或故事，就能傳達多少人生哲學，或待人接物的大道理；事實上，我相信這些大道理，其實你老早就背得滾瓜爛熟，但問題是，我們都是人，而且都是正常人，所以道理即使大家都曉得，但在生活中就是實踐不來，對吧？

這些我都清楚，所以我只想告訴你，那些道理即使做不到，

日子其實也不會比較難過，經世濟民的偉大事業，不會在一個漂亮的數學算式中被整除成平均值，還剛好都砸在我們頭上，因此你也無須介意自己的平凡，一如我常告訴自己的學生，好好珍惜你的生活，把握每一天的每個當下，用力去活得沒有遺憾，然後，在寒、暑假結束，下一個開學日的典禮上，讓我看到你們都活著回來就好。他們在這一點上都有乖乖做到，老師我也覺得非常欣慰。

曾有一個半調子的算命老師告訴過我，說我這輩子都得靠女人混飯吃。起初我不太理解，為什麼講得好像我是個吃軟飯的傢伙似的？但後來的人生路上，我彷彿又在不知不覺間，一直印證著這個讖言：當年我寫小說，讀者以女性居多，連編輯都是女性；後來我開酒吧，工讀生當然都是美女或辣妹，靠她們辛苦調酒也招呼客人，那家店才勉強經營下來；現在我在學校教書，帶的是幼保科，放眼望去，全班只有三個男生……如果你以為，我會因此而感念在心，對孩子們諄諄教誨，以一種「讓她們如沐春風」的方式來進行教育，那實在很抱歉，你又錯了。

有別於都會區中那種強調升學的高級中學，我們學校位在北桃園地區，很靠近北橫公路山邊的小角落，班上有不少原住

民孩子，他們樂天、樸素，但一點也不單純，我常常聽到同事們戲謔說這兒簡直就是「怪獸與他們的產地」，不過那是他們說的，可不干我的事。

　　我比較傾向的教育觀點，是高中這三年，我們的唯一任務，是讓這群從四面八方的國中齊聚而來的小猴子們，在高中校園的薰陶下，努力學習，使之成為人類，站在能幫一個是一個、能拉一個是一個的立場，我想盡力讓他們都順利進化──但天知道，不只是我所任教的學校而已，在全台灣，有多少十七八歲的年輕孩子，當高中畢業時，又退化回去當猴子的，應該也不在少數吧？

　　不過那並不妨礙我的理想，而我也無意在所書寫的文字中，將自己所深愛的孩子們給妖魔化，只是他們實在太活躍，體內彷彿永遠有耗之不竭的體力與熱情在四處亂竄，只要老師一個疏忽不察，這些傢伙們就隨時可能把世界炸開一個大洞──我之所以渾然不覺時光流逝，就是因為三年來的每一天，這些孩子總能天天鬧出不同的局面，讓我疲於奔命，以至於竟沒發現，才一轉眼時間，他們居然就要畢業了，所以我也相信，這或許就是一個契機了，自己應該為他們寫下點什麼。

　　在任教之初，有將近兩年時間，我與寫作出版的環境幾乎

完全脫節，那段日子裡除了幾首詩，我沒有任何小說可以發表，因為三十幾個小孩，就是我必須寫好的三十幾本書，沒有一本可以中斷，也沒有一本能夠在不滿意時刪掉重寫；我得戰戰兢兢，得小心翼翼，深怕一個閃神，就造成了無可彌補的錯誤。

故而游老師一點都不浪漫，絲毫不見妥協，當這群孩子從幼保一，一路來到幼保三，拿到全國戲劇比賽的特優，也差不多應該創下全校最多整潔、秩序比賽的獲獎紀錄，甚至還成為學務處不想來安檢的班級時，我才開始慢慢覺得，或許是應該放寬管教標準，讓他們脫離國軍新訓中心生活的時候——在現在的兵役制度下，一般男生當兵，都已經退伍好幾次了，而這群女孩們才終於能稍有喘息的空間，身為導師，我很抱歉（聳肩，不是鞠躬）。

所有關於我對「老師」的想像畫面，都來自於漫畫《麻辣教師 GTO》與《灌籃高手》，我不是最優秀的導師，那年獲得市內的優良教師獎時，跟一群從業多年的老老師們一起領獎，我心裡惶恐得無以復加，只覺得自己是不是哪裡搞錯了，怎麼會置身在會場中，手上還拿著一面獎牌？

回到學校後，我把獎牌丟在後車廂，再也沒去理會，倒是請了全班的孩子一起喝飲料，我心想，這面獎牌或許也並不那

麼重要，比起得不得獎，我更在乎的，是這群女兒與兒子們到底乖不乖，有沒有努力在他們的每一天裡，都用心尋找自己存在的意義，這樣就好。那面獎牌如果能代表什麼榮耀，那我完全相信，這份榮耀是來自於我所愛的這群孩子們，他們總是不停地證明自己的生命意義與價值，然後順便成全我一個小獎項而已。

最後，我想說的是：這本書沒有經天緯地的奧秘，更沒有救國救民的大道理，而我也不是一個走在正規路線上的老師，教職三年或三十年，我想這份執著應該都不會改變，無論你是不是在我班上，我都只想告訴你：要肯定自我，要把握當下，要找到夢想，然後，我會盡全力幫你實現夢想，這是我心目中，一個好老師必須完成的最大任務，也是我唯一的任務。

游老師
2019.03.02

這個國文老師
不・識・字

優生活 73

這個國文老師不識字
我和那些奇形怪狀學生們相處的日子

作者 —— 東燁（穹風）
主編 —— 楊淑媚
責任編輯 —— 朱晏瑭
封面設計 —— 張巖
內文設計 —— 張巖
校對 —— 東燁（穹風）、朱晏瑭、楊淑媚
行銷企劃 —— 許文薰

第五編輯部總監 —— 梁芳春
董事長 —— 趙政岷
出版者 —— 時報文化出版企業股份有限公司
　　　　　　一〇八〇三臺北市和平西路三段二四〇號七樓
發行專線 —— （〇二）二三〇六六八四二
讀者服務專線 —— 〇八〇〇二三一七〇五、（〇二）二三〇四七一〇三
讀者服務傳真 —— （〇二）二三〇四六八五八
郵撥 —— 一九三四四七二四 時報文化出版公司
信箱 —— 臺北郵政七九九九信箱
時報悅讀網 —— www.readingtimes.com.tw
電子郵件信箱 —— yoho@readingtimes.com.tw
法律顧問 —— 理律法律事務所　陳長文律師、李念祖律師
印刷 —— 勁達印刷有限公司
初版一刷　二〇一九年五月十七日
初版二刷　二〇一九年七月十二日
定價　新臺幣三〇〇元

（缺頁或破損的書，請寄回更換）

時報文化出版公司成立於一九七五年，並於一九九九年股票上櫃公開發行，
於二〇〇八年脫離中時集團非屬旺中，以「尊重智慧與創意的文化事業」為信念。

這個國文老師不識字 / 東燁作 .-- 初版 .-- 臺北市：時報文化，
2019.05　面；　公分
ISBN 978-957-13-7797-1（平裝）

1. 師生關係 2. 中等教育

524.7　　　　　　　　　　　　　　　　　108005860